Martina Schmidt-Tanger · Jörn Kreische
NLP-Modelle

D1726342

Martina Schmidt-Tanger
Jörn Kreische

NLP-Modelle

Fluff & Facts

Das
Basiskurs-Begleitbuch

**Illustriert von
Michael Famers**

VAK Verlag für Angewandte Kinesiologie GmbH
Freiburg im Breisgau

Vorbemerkungen

Zum Titel „Fluff & Facts“: „Fluff“, das ist im NLP die „warme Luft“, in die die „Facts“ eingebettet werden, und ihr könnt selbst für euch entscheiden, was in diesem Buch die Facts sind und was der Fluff ist. Manchmal ist es so, daß die Verpackung der Inhalt ist, ... und die Botschaft entsteht beim Empfänger.

Zu den NLP-Sprachkarten auf Seite 110: NLP, das ist nicht nur etwas zum Gucken, sondern auch etwas zum Anfassen. Deshalb haben wir für euch die Übungskarten für NLP-Sprachmuster in diese Ausgabe eingebunden – zum Ausschneiden!

Die Deutsche Bibliothek - CIP-Einheitsaufnahme

Schmidt-Tanger, Martina:
NLP-Modelle: fluff & Facts; das Basiskurs-Begleitbuch / Martina Schmidt-Tanger; Jörn Kreische. Ill. von Michael Famers. – Freiburg im Breisgau: VAK, Verl. für Angewandte Kinesiologie, 1994
(NLP workbooks; 1)
ISBN 3-924077-67-3
NE: GT

© VAK Verlag für Angewandte Kinesiologie GmbH, Freiburg 1994

Satz, Layout und Illustrationen: Michael Famers

Lektorat: Norbert Gehlen

Titeldesign: Hugo Waschkowski

Herstellung: Rombach GmbH Druck- und Verlagshaus, Freiburg

Printed in Germany

ISBN 3-924077-67-3

Inhaltsverzeichnis

... wir tun es sowieso, wenn wir effektiv miteinander kommunizieren ...

INHALT

INHALT

Für wen ist dieses Buch?
... oder auch nicht ...

Vielfach wurde der Wunsch nach einem Übungsbuch, einer hilfreichen Begleitunterlage für Basisseminare sowie nach einem Leitfaden für Übungen in Kleingruppen geäußert. Wie viele "Künste" gehört auch NLP neben aller dabei notwendigen Intuition zu den Dingen, die man tun muß, um sie wirklich zu begreifen, und die man üben muß, um die Meisterschaft zu erreichen.

Üben, ausprobieren, neu sortieren, Erfahrungen sammeln und vor allem die stetige Verbesserung der Wahrnehmung, dies sind die besten Voraussetzungen für den effektiven Umgang mit der Methode. Es ist sicherlich spannend, anregend und bereichernd, NLP-Bücher zu lesen, aber die wirkliche Fähigkeit zu einer eleganten Anwendung ist damit noch nicht gegeben. Genaues Hinsehen, Zuhören, Nachfühlen, um seine Kommunikationsentscheidungen dann am Feedback zu orientieren, das ist die Kunst.

Die anfängliche Ausrichtung an den vorgegebenen Strukturen der Modelle wird von vielen Basiskursteilnehmern als hilfreich erlebt. Wenn allmählich die Sicherheit wächst und die Blätter zur Seite gelegt werden, kann mit

"Ich höre und verstehe,

ich sehe und erinnere,

ich handle und

begreife."

(Chinesisches Sprichwort)

$$\boxed{\text{FLUFF}}$$

Struktur und Kreativität gearbeitet werden. Das englische **by heart** als Ziel meint nicht nur "auswendig", sondern ist auch in wörtlich übersetztem Sinne zu verstehen.

Die Seminarteilnehmer bestätigen immer wieder, daß neben Literaturstudium und Seminarbesuch letztlich das (private) Kleingruppentraining den entscheidenden Entwicklungsschub bringt. Auch für genau diesen Kontext möchte das Buch ein pragmatischer Leitfaden sein. Der Übende soll schnell und sicher die wichtigsten Aussagen der Basiskursmodelle noch einmal nachvollziehen können.

Die Formulierungen innerhalb einer Modellstruktur sind sprachliche Angebote. Jeder Teilnehmer kann bereits während des Seminars seine eigenen Formulierungen hinzufügen. So wird das Buch mehr und mehr zu etwas "Eigenem" ∎

Der breite Rand bietet genügend Raum für die eigene Kreativität und Intuition, d. h. für Notizen, Skizzen, Stichwörter oder eigene Formulierung der Modelle.

Zur Vorgehensweise im Kleingruppentraining
... 4 Augen fühlen mehr als 2 ...

Es gibt einen Weg vom Wissen zum Können: den Weg des Übens. Auf der Zeitlinie ist das der Weg vom bewußten Wissen zum unbewußten Wissen. Gerade bei NLP-Interventionen ist es nützlich, wenn sie mit einer gewissen sprachlichen Eleganz "vorgetragen" werden. Nur so entwickeln wir uns stetig in Richtung "Master" und können dann auch mit den einzelnen Bausteinen verschiedener Modelle "spielen" und sie kontextbezogen neu ordnen.

NLP kann übrigens immer und überall angewendet werden. Es bedarf also nicht der manchmal aus Termingründen so schwer herstellbaren Kleingruppentreffs. Denn wir haben täglich in Gesprächen die Gelegenheit, uns immer feiner zu eichen, immer genauer hinzusehen und hinzuhören. Sind wir allein, können wir lernen, die Eigenwahrnehmung zu verbessern, indem wir uns fragen, wie wir für uns selbst noch besser sorgen können. Wenn es uns gerade besonders gut geht, ist es spannend zu erkunden, woran wir das innerlich festmachen.

Die Kleingruppentreffen sind jedoch nach wie vor eine wertvolle Trainingsform, wenn man ihnen ein wenig

FLUFF

Struktur gibt. Ihr solltet euch mindestens zu dritt treffen und ein Zeitbudget einplanen, das es euch gestattet, einen angemessenen Rahmen herzustellen. Das bedeutet, daß ihr sofort NLP-typisch vorgeht und damit beginnt, einen guten Rapport aufzubauen (die Rapport-Ks); und zwar zu den anderen Teilnehmern ebenso wie zu euch selbst.

DIE RAPPORT-Ks
Kekse, **K**affee, **K**omplimente, **K**ichern, **K**ennenlernen, **K**uscheln, **K**üssen, **K**alibrieren, **K**onzentrieren

Für "junge" NLP-Fans ist es empfehlenswert, sich an die Reihenfolge der Punkte innerhalb eines Modells zu halten. So versteht ihr die Modelle am schnellsten und begreift auch, warum eine bestimmte Schrittfolge durchaus ihren guten Sinn macht.

Also bekennt euch ruhig zu den Vorlagen. Schon nach kurzer Übungszeit kann meist auf sie verzichtet werden.

In Workshops und Seminaren wird in den Klein-gruppen in der Konstellation **A, B, C** gearbeitet. Hier ist **A** derjenige, der handelt, etwas für sich tut oder etwas lösen möchte.

Akteur

B führt durch die Übung, gibt Anweisungen und beglei-tet A auf dem Weg zu seinem Ziel. Er ist für den Rahmen verantwortlich.

Begleiter

→→

Coach

Man kann bei diesen Übungen nicht nichts lernen!

C nimmt die Beobachterposition ein. Er unterstützt B, hält ihn ressourcevoll, könnte die Rolle des Zeitmanagers übernehmen und übt sich im übrigen in nicht-handelnder Wahrnehmung. B und C machen vorher aus, inwieweit eine Intervention C's erlaubt ist. Wenn Zurückhaltung vereinbart ist, dann sollte C konsequent sein und auch auf körpersprachliche Kommentare verzichten.

Das Hauptziel und Anliegen dieser Übungen ist die gesteigerte Präzision der Wahrnehmung als Grundlage jeder Veränderung.

Vielleicht ist das, was ihr lernt anders als das, was ihr erwartet habt, aber es gibt keine Möglichkeit, diese Übungen "falsch" zu machen.

Was „schlimmstenfalls" passieren kann, ist, daß B die Spannung nicht aushält, die dadurch entsteht, daß A die Erwartungen von B nicht erfüllt. B interpretiert dann häufg und denkt: "Mein Gott, wenn ich jetzt A wäre, dann ginge es mir gar nicht gut."

Wie es A wirklich geht, weiß aber sicher nur einer, und zwar A selbst. Deshalb fragt ihn im Zweifel. Es kann sein,

daß A antwortet, daß er gerade etwas sehr Befreiendes
oder Spannendes erlebt.

An dieser Stelle können B und C lernen, daß sie nicht
alles verstehen müssen und dennoch oder manchmal vielleicht gerade dann für A gute und angenehme Prozeß-
begleiter sein können ■

T I P

Wechselt für jede neue Übung die Positionen,
so daß jeder in allen drei Positionen spannende
und wertvolle Lernerfahrungen durch den spe-
zifischen Fokus machen kann.

Was ist NLP?

... no longer problems? ...

Mittlerweile wissen viele Menschen, die sich mit Kommuni-
kations- und Veränderungsmodellen beschäftigen, daß NLP
die Abkürzung für "Neurolinguistisches Programmieren"
ist. Was genau aber bedeutet das?

NLP ist ein Beschreibungs-, Erklärungs- und Lehrmodell
sowohl für die Kommunikation innerhalb des eigenen Selbst
als auch für die zwischenmenschliche Kommunikation.

Kommunikation hat stets ein Ziel. Die ständige Bereitschaft zur Verfeinerung von Sinneswahrnehmung und Flexibilität sind die hierfür notwendigen Voraussetzungen, um
diese Ziele zu erreichen.

Das Annehmen – die Integration – eigener, bisher ab-
gelehnter und ungeliebter Teile seiner selbst ist eines der
Metaziele des NLP. Werden diese dissoziierten Teile integriert, so werden Energie und Kreativität frei und können
für ziel- und lösungsorientiertes Denken, Fühlen und
Kommunizieren genutzt werden.

Was Bandler, Grinder und Dilts als Pioniere des NLP
geschaffen und viele andere weiterentwickelt haben, ist die
Zusammenführung von längst Bekanntem.

Das Verbinden zweier Erkenntnisse, um daraus eine dritte zu gewinnen, ist das eigentlich Schöpferische dabei; so wie die Kombination von Steinen und Mörtel die Chance zum Bau eines Hauses birgt. Die mutige Kombination, das sinnvolle Verbinden von Elementen führt zu Ergebnissen, die in ihrer Nützlichkeit über der Nützlichkeit der einzelnen Elemente liegen.

Und NLP will nützlich sein und nicht die Wahrheit verkünden. NLP ist nicht begrenzt durch die vorgegebenen Variablen eines feststehenden Modells, sondern es ist mit seinen Grundannahmen ein Ausgangspunkt für neue Überlegungen. NLP wird täglich bereichert durch innovative Ideen und kreative Übertragungen auf Felder des Miteinanders.

Vielfach muß NLP sich den Vorwurf der Psychotechnologie gefallen lassen, wobei die Kritik häufig ohne genauere Kenntnisse des Modells an der Übersetzung der drei Buchstaben festgemacht wird.

NLP ist keine Zaubermethode, wenn auch manche Ergebnisse diese Vermutung für den Laien nahelegen ■

Neues liegt in der "richtigen" Kombination von bereits Vorhandendem, auch im NLP.

NLP ist eine pragmatische, zielgerichtete, sehr wahrnehmungsintensive Form der Kommunikation.

Die Philosophie als Metapher
... ein Haus zieht um ...

In der Stadt TUSO gab es einen Zielkonflikt. Das Angebot an Parkflächen sollte vergrößert werden. Auf der in Frage kommenden Fläche stand jedoch ein denkmalschutzwürdiges Haus, das erhalten werden sollte. Für beide Ziele gab es eine breite Anhängerschaft im Stadtrat.

Der Bürgermeister verkündete zu Beginn der Verhandlung als erstes jenen Satz, den alle schon lange kannten: "Es gibt immer – meine Damen und Herren – eine Lösung, die für alle Beteiligten maximalen Nutzen stiftet. Und es ist eine Frage der Einstellung, wie lange man bereit ist, nach dieser Lösung zu suchen."

Die Ratsmitglieder waren wieder einmal sprachlos, signalisierten aber durch heftiges Kopfnicken ihre Bereitschaft zur Integration der vielen verschiedenen Meinungen. Aus den vielen unterschiedlichen Vorschlägen kam schließlich der folgende zum Tragen: Das schutzwürdige Haus sollte erhalten bleiben. Es würde jedoch in einzelne Teile zerlegt und auf einem anderen Grundstück wieder aufgebaut werden müssen. Dieser Entscheidung stimmten alle Teile der Versammlung einmütig zu. Der Bürgermeister, mit sichtli-

cher Erleichterung dazu: "Als einer der Hauptverantwortlichen finde ich sogar, daß dieses Haus erst durch den Standortwechsel seinen passenden Rahmen gefunden haben wird."

Das Projektteam für diese Aufgabe war jedoch noch vor die spannende Frage der Umsetzung gestellt: Wie klein oder wie groß müssen die Teile eigentlich sein, die für den Transport bereitzustellen sind? Sofort meldete sich ein sehr mächtiger Teil des Teams, der Herr Stadtkämmerer: "Nun, wissen Sie, ich denke, die Teile sollten – aus Kostengründen – alle gleich groß gemacht werden, damit sie gerade noch auf den größten Transporter passen." Der Spezialist für Restaurationsarbeiten gab jedoch zu bedenken, daß es unterschiedlich große Teile gebe, die auf jeden Fall gesondert behandelt werden müßten. Niemand könne sonst die Verantwortung dafür übernehmen, daß diese Teile wieder zu einem harmonischen, ökologischen Ganzen zusammenfänden. Das überzeugte auch die Kostenrechner des Teams, denn auch sie wollten das Gesamtergebnis nicht gefährden.

So wurde ein höchst individuelles Vorgehen für ➔➔

**DIE PHILOSOPHIE
ALS METAPHER**

jedes der Teile vereinbart und eine variable LKW-Flotte

eingesetzt. Am Ende waren die Teile, zum Erstaunen aller,

leichter, schneller und eleganter wieder zusammensetzbar

als erwartet. Bei der Einweihung des "neuen" Hauses mein-

te der Bürgermeister: "Manchmal gibt es sogar Gründe

dafür, ein Haus etwas anders wiederaufzubauen, weil man

feststellt, daß das, was man neu zusammensetzt, dann viel

besser paßt." Die Umstehenden nickten ■

Neurolinguistisches Programmieren

... Buchstabensalat ...

Neuro:

Die Wahrnehmung wird durch das Nervensystem und durch die fünf Sinne gefiltert.

Jedes Verhalten beruht auf neuronalen Prozessen.

Linguistisch:

Bezieht sich auf die verbale und nonverbale Repäsentation der fünf Sinne. Und diese Repräsentation ist die Grundlage für Strategien, Sprache und Kommunikation mit sich selbst und anderen.

Programmieren:

Steht für den Prozeß der Organisation und Verarbeitung einzelner Komponenten, um ein bestimmtes Ziel für sich selbst und / oder bei anderen (programmieren) zu erreichen.

Sinneskanäle:

V isuell (sehen)

A uditiv (hören)

K inästhetisch (fühlen und spüren)

O lfaktorisch (riechen)

G ustatorisch (schmecken)

3-Minuten-Seminar
... der ZOFF-Cocktail ...

> *"Alles sollte so* **einfach** *wie möglich gemacht werden, aber nicht* **einfacher.** *"*
>
> Albert Einstein

Man nehme:

Zielklarheit:

Mache dir klar, was du *willst,* und behalte in jeder Situation eine klare Vorstellung von deinem Ziel.

Offene Sinneskanäle:

Sei wachsam und behalte deine Sinne offen, damit du wahrnimmst, was du *bekommst.*

Flexibilität:

Habe die Flexibilität, das was du tust, so lange zu verändern, bis du das *bekommst, was du willst.*

Fähigkeiten:

Erweitere deinen Denkhorizont (deine Landkarte) und dein Verhaltensrepertoire. Erlange Fähigkeiten, die du mühelos und elegant einsetzen kannst.

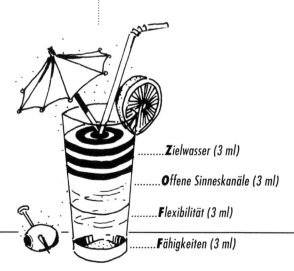

........**Z**ielwasser (3 ml)

.........**O**ffene Sinneskanäle (3 ml)

.........**F**lexibilität (3 ml)

.........**F**ähigkeiten (3 ml)

FLUFF

Überzeugungen im NLP
... wer`s glaubt, wird selig ...

■ Jeder Mensch hat seine eigene Landkarte von der Welt und sich selbst in dieser Welt, aber diese Landkarte ist nicht die Welt.

■ Die Bestätigung der eigenen Landkarte erfolgt über selektive Wahrnehmung und über "sich-selbst-erfüllende" Prophezeiungen.

■ Die Sprache ist nur eine Metapher für das wirkliche Erleben.

■ NLP-Interventionen sind Prozeßinterventionen, keine Inhaltsinterventionen.

■ Das Vorgehen im NLP ist lösungs-, nicht problemorientiert.

■ Ziel ist die Erweiterung der Erlebens- und Verhaltensmöglichkeiten.

■ Menschen verfügen über alle Ressourcen, die sie brauchen, um ihre "Verhaltensprobleme" zu lösen.

■ Jedes Verhalten ist eine Fähigkeit, die es erlaubt, irgend etwas gut zu tun.

■ Jedes Verhalten hat eine für die Person "gute" Absicht und stellt irgend etwas für die Person sicher. →→

ÜBERZEUGUNGEN IM NLP

■ Für jedes Verhalten gibt es den passenden Kontext.

■ Verhalten kann sich ändern, wenn die verborgene, positive Absicht des Verhaltens auf anderen Wegen sichergestellt wird.

■ Häufiger Perspektivenwechsel führt zur Wahrnehmung von Komplexität und zur Versöhnung mit abgelehnten Teilen der Persönlichkeit.

■ Das Unbewußte wählt für das Verhalten den effektivsten Weg, den es zur Zeit kennt.

■ Das Unbewußte ist mächtiger und zuverlässiger als das Bewußtsein. (**Eins, zwei, drei, vier, fünf, SEX, sieben, ach**

■ Veränderungsprozesse müssen nicht über das Bewußtsein laufen.

■ Veränderungen müssen ökologisch sein.

■ "Widerstände" bei der Veränderungsarbeit sind ein Kommentar zur Flexibilität von B und zu einer fehlenden Ökologie der bevorstehenden Veränderung.

■ Die Überprüfung der Ökologie kann das Individuum im Zustand innerer Aufmerksamkeit tun.

■ Unterschiedliche psychische Zustände spiegeln

LOOK INSIDE!

unterschiedliche physische Zustände und umgekehrt. Die Zustände sind von außen wahrnehmbar.

■ Respektvolle Veränderung führt zu kongruenten, stimmigen Physiologien.

■ Die Basis für wirksame Kommunikation und Veränderung ist der Rapport.

■ Anker führen zu Erinnerungen (Prinzip "klassisches Konditionieren").

■ Veränderungen dürfen schnell gehen und Spaß machen.

■ Es gibt keine Probleme, sondern nur Entwicklungs-

eun, zehn ...) möglichkeiten.

**INFORMATIONSVERARBEITUNG
UND REPRÄSENTATIONSSYSTEME**

Informationsverarbeitung und Repräsentationssysteme
... wer mit einem Schweden italienisch spricht und mit einem Italiener schwedisch, wird nicht weit kommen ...

Alle Informationen, die wir wahrnehmen können, nehmen wir mit unseren fünf Sinnen auf. Wir speichern Informationen in Bildern (visuell), in Tönen / Geräuschen (auditiv), in Gefühlen und Bewegungen (kinästhetisch), Gerüchen (olfaktorisch) und in Geschmäcken (gustatorisch) – abgekürzt: V-A-K-O-G.

Durch Erfahrung und Erziehung lernen wir – kontextabhängig – einen Informationskanal gegenüber einem anderen zu bevorzugen. So haben Menschen unterschiedliche Arten, sich selbst und die Welt wahrzunehmen.

Abhängig vom bevorzugten Informationskanal tendieren wir dazu, in unserer Sprache *verstärkt* visuelle, auditive oder kinästhetische Wörter zu verwenden.

Für manche ist das Sehen die wichtigste Qualität (visueller Typ), für andere das Hören (auditiver Typ) und für wieder andere ist es das Fühlen (kinästhetischer Typ), das Riechen (olfaktorischer Typ) oder das Schmecken (gustatorischer Typ). So wird ein eher visueller Typ Informationen vorwiegend visuell wahrnehmen und verarbeiten. Er speichert seine Erfahrungen als innere Bilder und spricht über sein Erleben hauptsächlich in visuellen Wörtern.

Diese Vorliebe für ein bestimmtes Sinnessystem kann in verschiedenen Situationen wechseln (Streß, Angst, Freude).

Es ist nun leicht vorstellbar, daß es zwischen den unterschiedlichen Wahrnehmungstypen in verschiedenen Situationen bald zu Störungen kommt und wir die Kommunikation verbessern können, indem wir uns gezielt auf das inhaltliche und sprachliche System des anderen einstellen. Um das zu können, muß man sehr genau hinhören (Ohne den Inhalt zu verpassen!) und flexibel in der "passenden" Sprache antworten.

Übung: Findet heraus, welche eure bevorzugten Repräsentationssysteme sind. Erzählt euch gegenseitig kurze, aber emotionale Geschichten (tolles Erlebnis, letzter Krach etc.)

Die Zuhörer geben anschließend, mittels beim Erzählen geführter Strichliste, Rückmeldungen. Seid Ihr erstaunt oder habt Ihr geahnt, welches euer favorisiertes System ist? ∎

Ein Gespräch unter Kollegen
... was sagten Sie eben? ...

Herr V: "Also früher sah alles hier ganz anders aus, aber jetzt haben wir überhaupt keinen *Durchblick* mehr. Ich glaube, wir müssen zu der *Einsicht* kommen, den anderen wieder mehr *Einblick* in die Sachlage zu ermöglichen. *Sonst sehe ich da schwarz.* Wir können doch nicht *zusehen*, wie nach und nach die Sache immer *undurchsichtig*er wird."

Herr A: "Also für mich *klingt* das etwas zu pessimistisch. Wir haben doch früher verstanden, diese Dinge im *Einklang* mit Abteilung XY zu lösen. Und ohne *jemandem nach dem Mund* zu reden, möchte ich noch einmal deutlich sagen, daß wir diese *unabgestimmte* Vorlage noch einmal *besprechen* müssen, damit sie nicht *sang- und klanglos* untergeht."

Frau K: Mein *Standpunk*t in dieser Sache ist noch nicht *fest*. Die *unumstößlichen* Meinungen, die die Kollegen da *vertreten,* daran kann man doch sicherlich noch *rütteln.* Wir müssen uns der Tatsache *stellen,* daß wir alle einen *Schritt* nach vorn *machen* müssen und die Sache noch einmal völlig neu *angehen* sollten." ∎

... hier nun eure eigene Liste ...

Übung: Stellt die Vokabeln zu den verschiedenen Sinnessystemen zusammen und findet noch mindestens 10 neue Wörter, Redewendungen, Metaphern. Übt dann das Sprechen in diesen Systemen und wechselt die Systeme sehr bewußt.

HINWEIS

Am Ende des Buches (S.106) findet ihr die Vokabelliste (V, A, K, O, G) für noch mehr Flexibilität und sprachliche Gewandtheit.

Visuell:

....

....

Auditiv:

....

....

Kinästhetisch:

....

....

Olfaktorisch / gustatorisch:

....

....

Neutral:

....

....

Flexibilitätsübungen
... Geschichten zurückerzählen ...

1. Geschichte erzählen: A erzählt 3 – 5 Minuten über ein Erlebnis, das erfreulich oder ärgerlich war.

2. Repräsentationssystem(e) erkennen: Die Zuhörer hören genau hin und erkennen As bevorzugte(s) Repräsentationssystem(e) (Strichliste).

3. Die Geschichte wird übersetzt: Jedes Prozeßwort, jede Metapher, die sich in einem anderen Repräsentationssystem ausdrücken läßt, wird verändert.

Der Sinn, der Inhalt der Geschichte bleibt gleich, nur das verwendete Vokabular ist entweder rein visuell, auditiv oder kinästhetisch (V, A, K).

4. Zurückerzählen in anderen Kanälen: Dann erzählen die Zuhörer nacheinander, jeder in einem anderen Repräsentationssystem, A "seine" Geschichte nicht *en detail*, aber in den Grundaussagen zurück.

A beim Rückerzählen genau beobachten. Bei welcher Geschichte fühlt A sich verstanden, welche macht ihn ärgerlich, wo findet eine Wahrnehmungserweiterung statt, welche löst eine Trancephysiologie aus, etc.? ■

$$\text{FACTS}$$

... Autos verkaufen ...

Schreibe einen kurzen Text für die drei Hauptsinnessysteme V, A und K, um dein Auto zu verkaufen. Worauf solltest du den Fokus lenken, um die unterschiedlichen Sinnessysteme anzusprechen? Lest euch die Texte gegenseitig vor. Wer fühlt sich bei welchen Text angesprochen und fühlt einen "Kaufimpuls"?

Metamodell der Sprache
... Fragen lenken Denken ...

Sprache hat eine Oberflächen- und eine Tiefenstruktur. "Oberflächenstruktur" ist das, was wörtlich gesagt wird. "Tiefenstruktur" betrifft den inhaltlich vollständigen Satz. Bei der Modellbildung entstehen Fehlgeformtheiten (Tilgung, Generalisierung und Verzerrung), die hinterfragt werden können, wenn die Tiefenstruktur einer Aussage offenkundig werden soll. Durch Nachfragen kann der der Aussage "wirklich" zugrunde liegende Erlebenshintergrund ermittelt werden. Gerade bei NLP-Interventionen, aber natürlich in jedem anderen Gespräch bringen Metamodell-fragen:

■ Eindeutigkeit

■ einen inneren Sortierprozeß beim Sender durch:

   Klarheit, "Aha-Erlebnisse", neue Ideen und Reaktivie-

   rung von Erfahrung

■ eine Erweiterung des Weltmodells auch beim

   Empfänger (aha, das meint er damit)

Es wird klar, daß jede Erfahrung subjektiv ist und daß die subjektive Erfahrung ebenso subjektiv versprachlicht wird. Durch die richtige Frage im richtigen Moment kann es zu

FLUFF

neuen Ideen und Gedanken und damit zu einer Wahrneh-

mungserweiterung kommen, die festgefahrene Denk- und

Gesprächssituationen wieder in Gang setzt.

Das mußt du

vorher

entscheiden!

Metamodell der Sprache
... Fehlgeformtheiten der Sprache sind: ...

Tilgungen	Aussagen	Mögl. Metamodell-Fragen
Verbtilgung	Ich freue mich.	Worüber (über wen oder was) freust du dich? Wie genau freust du dich? Wie weißt du, daß du dich freust? (A wird evtl. bewußt, daß es immer ein bestimmtes Gefühl ist und wo genau es lokalisiert ist.)
Vergleichstilgung	Er ist dünner. Er ist dünn. Er ist am dünnsten.	Dünner als wer oder was? Auch beim sog. Positiv (dünn) sowie dem Superlativ kann es sinnvoll sein, den Bezugsrahmen zu erfragen.
Adverbientilgung	Offensichtlich mögen sie/Sie mich nicht.	Für wen ist es offensichtlich?
Modaloperatoren	Ich muß, es ist notwendig, es ist unmöglich ... X zu tun.	Was passiert, wenn du X tust? Was macht es unmöglich, X zu tun? Was hält dich davon ab, hindert, hemmt dich, X zu tun?

Generalisierungen	Aussagen	Mögl. Metamodell-Fragen
Fehlender Beziehungsindex	Wir wollen uns nicht weiter aufregen.	Wer genau will wen genau nicht weiter aufregen? Wie weit genau wollen wir uns nicht aufregen?
Universalquantoren	Alle, sämtliche, niemand, jeder. Es ist unmöglich, irgendwem zu trauen.	Ist es immer, ohne Ausnahme unmöglich, daß irgendwer irgendwem traut? Hast du jemals die Erfahrung gemacht, jemandem zu trauen?

FLUFF

...

Generalisierungen	Aussagen	Mögl. Metamodell-Fragen
		(Frage in die Vergangenheit) Kannst du dir Umstände vorstellen, unter denen ... ? (Frage in die Zukunft)
Symmetrische Prädikate	Streiten, kämpfen, reden (dazu gehören zwei) Mein Freund streitet immer mit mir.	Und du? Streitest du mit deinem Freund?
Nichtsymmetrische Prädikate	Lächeln, schlagen, streicheln (nur ein Handelnder notwendig) Mein Mann lächelt mich nie an.	Und du? Lächelst du deinen Mann nie an?
X oder Y	Wenn ich mich nicht um andere Menschen kümmere, dann mögen sie mich nicht. (Es wird eine Wenn-dann-Beziehung behauptet.)	Muß es denn immer notwendigerweise so sein, daß dich Menschen nicht mögen, wenn du dich nicht um sie kümmerst?
Komplex Generalisierung-Äquivalenz (Gleichsetzung)	Mein Chef lächelt nie, er mag mich nicht.	Bedeutet, daß du deinen Chef nicht anlächelst, immer, daß du ihn nicht magst? Wie weißt du, daß dein Chef dich nicht mag? Gibt es Situationen, in denen du jemanden nicht anlächelst, obwohl du ihn magst?
Unvollständig spezifizierte Verben	Er berührte mich.	Wie genau berührte er dich? ("Er küßte mich auf die Lippen." Jetzt ist der Vorgang klar, deutlich und nachvollziehbar.)

METAMODELL DER SPRACHE

Verzerrungen	Aussagen	Mögl. Metamodell-Fragen
Nominalisierungen	Ich habe Angst vor Hunden.	Du ängstigst dich vor Hunden?
Vorannahmen	Wenn er so langsam ist wie sein Vater, bringt das nichts.	Sein Vater ist also langsam? (Mache die versteckte Vorannahme zur eigentlichen Frage.)

Semantische Fehlgeformtheiten	Aussagen	Mögl. Metamodell-Fragen
Ursache und Wirkung	Mein Freund macht mich wütend.	Dein Freund bewirkt, daß du dich wütend fühlst? Wie genau verursacht dein Freund, daß du dich wütend fühlst? (Die Fragen sollen klären, daß es ein Ursache-Wirkungs-Muster gibt, das nur funktioniert, wenn ich mitmache.)
Implizierter Kausativ	Ich möchte einen anderen Job, aber ich habe keine Zeit für Bewerbungen.	Bedeutet das, du möchtest einen anderen Job, aber du hast keine Zeit für Bewerbungen, und das genau hindert dich daran?
Verlorenes Performativ	Es ist falsch, gut, schlecht, richtig, mich immer wieder neu zu entscheiden.	Für wen ist es falsch, gut, schlecht, richtig, etc., sich immer wieder neu zu entscheiden?

FACTS

Metamodell der Sprache

Übungsbeispiele: Stelle die richtigen Fragen!

01 Ich habe ein Problem. ✎

✎

02 Ich weiß nicht, was ich sagen soll.

03 Jeder weiß, daß man nicht gewinnen kann.

04 Weglaufen nützt nichts.

05 Sie ist besser für mich.

06 Es ist unmöglich, jemandem zu vertrauen.

07 Man sollte auf andere Rücksicht nehmen.

08 Alle Leute sind gemein zu mir.

09 Ich nehme ihnen die Fragerei übel.

10 Die Entscheidung herzukommen war schwer.

11 Die Überzeugungen meines Sohnes machen mir Sorgen.

12 Ich würde gern mitfahren, aber meine Schwester ist krank.

HINWEIS

13 Er denkt nie an mich.

Die Auflösungen findet ihr auf Seite 108.

14 Meine Nachbarin ist arrogant.

15 Es ist gut, miteinander über Probleme zu reden.

Rahmen für NLP-Interventionen
... wir tun es sowieso, wenn wir effektiv miteinander kommunizieren ...

Es gilt im NLP der Satz: "*Rapport* vor Intervention."

"Rapport" ist das Herzstück des NLP. Erst wenn A und B einen für beide Seiten akzeptablen "Kontakt/Arbeitsvertrag" ausgehandelt haben, kann der Rapport tragen und das Ziel besprochen werden.

Das Ziel ist der permanent und von B "penetrant" verfolgte Orientierungsmaßstab für den Interventionsprozeß. Nur wenn Zielklarheit besteht, kann es eine Richtung geben. Diese Richtung kann sich jedoch im Prozeß immer wieder ändern. Diese Änderungen sind erwünscht und werden als Weiterentwicklung betrachtet. Sie machen den Prozeß ökologisch.

Das NLP als systemisches Veränderungsmodell ist während aller Veränderungsprozesse hochsensibel für die Ökologie des Gesamtsystems. Was für einen Teil der Person sinnvoll und wünschenswert erscheint, kann für die Gesamtperson von Nachteil sein. Dies zu berücksichtigen ist einer der Hauptschwerpunkte der Interventionen.

Die dauernde Betrachtung der Ökologie bei aller Veränderungsarbeit gilt nicht nur für das intrapsychische

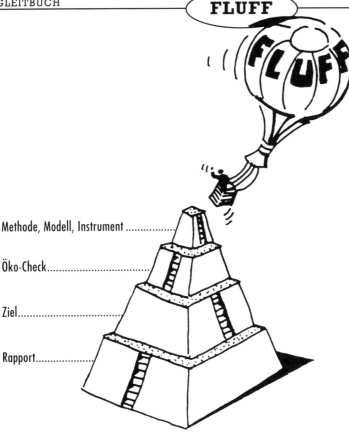

Methode, Modell, Instrument ....

Öko-Check..............................

Ziel..............................

Rapport..................

System (die Einzelperson), sondern auch für Familien, Gruppen, Teams, Unternehmen etc. Jeder Einstieg in ein NLP-Modell erfolgt über die drei Parameter "Rapport", "Ziel" und "Ökologie".

Ist einer der drei Parameter gestört oder unklar, geht ganz "nach unten" (siehe Pyramide) zurück und schaut nach:

- ■ "Trägt der Rapport?"

- ■ "Wie heißt das Ziel?"

- ■ "Ist das, was wir zur Zeit tun, ökologisch, oder sollte vorher ein anderes Ziel bearbeitet werden?"

Die Frage nach der Ökologie einer Veränderung ist auch immer eine Frage nach der sinnvollen Reihenfolge von Veränderungen, da man für das stimmige "Lebenkönnen" mancher Ziele bestimmte Dinge vorher tun oder lernen muß, um das entsprechende Verhaltensrepertoire dafür zu haben ■

Rapport
... wenn die Chemie stimmt ...

"Rapport" ist ein sehr weitreichender Begriff im NLP. "Rapport" heißt lebendiges, wechselseitiges Aufeinanderbezogensein. "Rapport haben" bedeutet "gemeinsame Wellenlänge haben", der Kontakt ist o.k., die Beziehung tragfähig, A gibt B einen Vertrauensvorschuß.

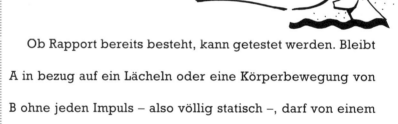

Ob Rapport bereits besteht, kann getestet werden. Bleibt A in bezug auf ein Lächeln oder eine Körperbewegung von B ohne jeden Impuls – also völlig statisch –, darf von einem (noch) nicht bestehenden Rapport ausgegangen werden.

Um Rapport herzustellen, ist es gut, der Beziehung einen Rahmen zu geben. Dieser Rahmen kann verschiedene Ausprägungen haben:

| Hier-und-jetzt-Rahmen: | "Ist es in Ordnung, daß wir hier und jetzt X tun?"

| Zeit-Rahmen: | "Wieviel Zeit haben wir?"

| Wichtigkeits-Rahmen: | "Wäre das ein Ziel für dich?" (Veränderungswillen abchecken)

Toleranz-Rahmen: "Ist es o.k., wenn ich dich zwischendurch berühre?" (Wenn kinästhetischer Anker erforderlich) "Ist es in Ordnung, wenn ich zwischendurch mit den anderen spreche? "Erlaubst du, daß ich gelegentlich Dinge sage oder tue, die du eventuell nicht sofort verstehst, wenn ich verspreche, daß ich sie später erkläre?"

Übertragungs-Rahmen: "Erinnere ich dich an jemanden?" – "Wenn ja, wo bin ich dieser Person maximal ähnlich?"

"Wo bin ich dieser Person maximal unähnlich?"

Alle diese Rahmenfragen tragen dazu bei, einen guten, vertrauensvollen und tragfähigen Kontakt zwischen A und B herzustellen, der auf der verbalen (z.B. den Repräsentationssystemen) und nonverbalen Ebene durch Pacing noch verstärkt wird.

Nicht alle diese Punkte müssen jedesmal thematisiert oder standardisiert abgehakt werden. Hat B von A beispielsweise schon ein "stilles Ja" erhalten und einige Dinge sind schon geklärt, kann man auch sofort loslegen. Aber es gilt die Regel: Rahmen/Rapport vor Intervention!

T I P

Manchmal ist A begierig darauf, (endlich) mit der Intervention zu beginnen. Wenn B nun den Eindruck hat, der Rapport trägt noch nicht, kann es gut sein, so zu tun (!), als trage er bereits. Oft stellt sich der Rapport dann ganz schnell ein.

ZIELE

Ziele
... wir wissen zwar noch nicht, wohin, aber wir gehen schon mal los ...

Es ist notwendig, ein Ziel zu definieren. Wer das Ziel nicht kennt, kann den Weg nicht finden. Nur wenn Zielklarheit herrscht, wißt ihr, ob überhaupt relevant ist, was ihr tut.

Im NLP ist es immer möglich, ohne eine Offenlegung des Ziels zu arbeiten, da man im NLP rein prozeßorientiert vorgehen kann. Kennt B das Ziel von A nicht, da A "inhaltsfrei" arbeiten will, sollte B jedoch sicherstellen, daß A über eine hinreichend genaue Vorstellung von dem gewählten Zielbild verfügt.

Durch Fragen wie "... wo genau, wie genau und wem gegenüber genau ...?" wird eine gute Kontextualisierung erreicht.

Um Zielklarheit zu bekommen, wird im Zustand innerer Aufmerksamkeit über (V,A,K,O/G)

■ das Sehen (visuell)

■ das Hören (auditiv)

■ das Fühlen (kinästhetisch)

■ das Riechen (olfaktorisch)

■ und das Schmecken (gustatorisch)

der Zielzustand abgebildet.

Der **erste** Schritt ist die **Hälfte** des Weges.

FLUFF

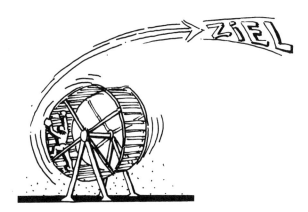

Wird der Inhalt jedoch veröffentlicht, braucht ihr in der Position des B nicht alles zu verstehen, denn Wörter sind Metaphern, deren wirkliche Bedeutung selbst A zu Beginn eines Prozesses oft noch nicht ganz klar ist.

Hinzu kommt, daß es ja manchmal gerade das Ziel, eines Modells ist, einen Suchprozeß (der Weg ist das Ziel und wer vom Weg abkommt, lernt die Gegend kennen) zur Klärung oder Übersetzung dieser Metaphern einzuleiten.

Wenn sich während der Intervention das Ziel verändert, geht dies meist mit einer Zunahme der Ökologie einher. B fördert diesen Prozeß, indem er A hilft, sein Ziel immer genauer zu formulieren. Auf diese Weise werden die Aussagen kongruenter, und die Zielphysiologie gewinnt an Konturen. Das bedeutet, A sieht ressourcevoll, versöhnt und symmetrisch aus ■

T I P

Flexibilität bedeutet im NLP: Wenn etwas nicht funktioniert hat, war der Weg zum Ziel nicht nützlich, und ich probiere etwas anderes aus. Es gibt keinen Fehler, sondern nur Feedback, und das bringt Lernerfahrungen und Entwicklungsmöglichkeiten.

Ökologie-Check
... intrapsychische Basisdemokratie oder: Hier kann jeder mitreden ...

Ein Interventionsprozeß verläuft dann ökologisch, wenn eine übereinstimmende "Zusage" aller Teile in bezug auf die Veränderungsarbeit wahrnehmbar ist. Ist eine Veränderung ökologisch, wird sie leicht gehen und dauerhaft sein. Meldet sich während des Prozesses ein "einwanderhebender" Teil, wird dieser zunächst dankbar und würdigend zur Kenntnis genommen. Sofort wird dann auch mit diesem Teil gearbeitet (verhandelt) und ausprobiert, durch welche Angebote eine Integration ermöglicht werden kann.

Wird an dieser Stelle "unsauber" gearbeitet, im Sinne von (B): "Jetzt muß es aber gut sein", rächt sich dies immer. Oft kommt das Feedback von A dann in einem "Nicht-gelingen-Wollen" der angestrebten Zielphysiologie zum Ausdruck.

Das bedeutet: Wird der Öko-Check erstmals am Schluß des Prozesses durchgeführt, ist es oftmals notwendig, wieder viele Stufen auf der Prozeßleiter zurückzugehen. Dabei kann es mühsam sein, den kritischen Punkt zu identifizieren. Diese Mühe können sich A und B ersparen, wenn B *permanent* für die Ökologie seines A wachsam ist.

Fragen nach der Ökologie:

■ "Wie könnte es dir noch besser gehen?" (A sagt – offen-

sichtlich inkongruent –, es gehe ihm gut.)

■ "Was fehlt noch?"

■ "Wenn deine verschränkten Arme noch einen

Kommentar zu der gewünschten Änderung hätten,

welcher wäre das?"

■ "Ist dein linkes Bein der gleichen Meinung?"

(A sitzt noch nicht symmetrisch, sagt aber, er sei voll-

kommen zufrieden.)

Vielleicht habt ihr selbst schon Ideen oder erste Erfahrun-

gen mit entsprechenden Fragen. Dann notiert sie hier:

....

....

....

....

....

....

....

....

Pacing und Leading
... wir mögen Menschen, die uns ähnlich sind ...

Pacen bedeutet, mit jemandem im Gleichschritt gehen, oder – freier übersetzt – sich auf jemanden einstellen. Um dies optimal zu können, muß As gesamte Physiologie gut beobachtet werden, oder NLP-typisch ausgedrückt: B kalibriert sich auf As Physiologie und/oder sein Repräsentationssystem.

Pacen ist ein biologisches Programm. Wir tun es sowieso, wenn wir mit jemandem Rapport haben. Jeder kennt den Impuls, im gleichen Augenblick zum Glas zu greifen, wenn das sympathische Gegenüber dies auch tut.

Pacing kann auch benutzt werden, um mit jemandem systematisch einen Rapport aufzubauen. Jemanden in seiner Körperhaltung und/oder seiner Sprache zu spiegeln, sollte dabei elegant und unauffällig erfolgen.

Pacen wir gut und respektvoll, fühlt sich der andere verstanden. Auf der unbewußten Ebene wird die Botschaft empfangen: "Da bemüht sich jemand, mich zu verstehen." Je näher ich jemandem durch das Pacing komme, d.h. je stärker ich in seine Denk- und Fühlstrukturen "einsteige", um so genauer kann ich die Person auch kennenlernen.

Jemanden da abholen,
wo er steht. Wo immer das ist.

LOVE ME AND LEAD ME!

Das **Leaden**, also das Führen, ist ein Ziel des Pacens. Wenn wir gut gepaced haben und einen tragfähigen Rapport hergestellt zu haben glauben, können wir versuchen, als erster z.B. die Körperhaltung zu verändern oder zu lächeln. Kommt jetzt von A ein Bewegungsimpuls oder eine Veränderung des Gesichtsausdrucks, ist der Rapport hergestellt, und das Leaden funktioniert. Die Beziehung ist so tragfähig, daß A mir folgt.

Klappt das nicht, bedeutet das, wir müssen uns noch genauer auf As Physiologie und/oder sein Repräsentationssystem kalibrieren und weiter pacen. Wenn wir dann nach einer bestimmten Zeit ein Gefühl von Wellenlänge haben, wird erneut ein Leading-Versuch unternommen.

Gepaced und gespiegelt werden u.a. folgende Dimensionen:

■ Körperhaltung (Sitzhaltung)

■ Sprache (spezielle Wortwahl, ...)

■ Stimme (Rhythmus, Geschwindigkeit, ...)

■ Hauptzugangskanal innerhalb von V, A, K, O

■ Kleidung (Business, alternativ, ...)

■ Atmung (Frequenz, Tiefe, Ort, ...)

Inkongruenzen pacen
... ich weiß nicht,
was soll es bedeuten ...

Oft wird von A verbal ein konkreter Veränderungswunsch formuliert (z. B.: "Ich will mit dem Rauchen aufhören"), dem gleichzeitig auf verbaler ("eigentlich") oder nonverbaler Ebene (Kopfschütteln) widersprochen wird. Will B nun A pacen, müssen *beide* Botschaften gepaced werden, da beide gültig sind. Es wird mit beiden Teilen von A Rapport hergestellt: mit dem bewußten und unbewußten Teil, und zwar durch gesprochene Sprache und Körpersprache.

Wir als B verbünden uns oft mit nur einem Teil; also mit dem Teil, der aufhören will zu rauchen und dies deutlich sagt. Was aber machen wir mit dem (den) anderen, der durch einen abgewandten Blick oder ein verspanntes Gesicht noch eine zusätzliche Botschaft sendet? Dies zu beachten ist eine Grundvoraussetzung, um zu stimmigen Gesamtergebnissen zu kommen.

Nicht gewürdigte Anteile schaden A in bezug auf seinen eigenen inneren Rapport ebenso wie in bezug auf seine Zielerreichung. Denn häufig ist der unbewußte Teil der mächtigere, weil er bisher mit Erfolg verhindert hat, daß A mit dem Rauchen aufhört.

KONGRUENZ

Der Begriff "Kongruenz" beschreibt einen Zustand im "Hier-und-Jetzt". Kongruenz ist erkennbar an der Stimmigkeit von verbaler und nonverbaler "Aussage". Man könnte definieren: Immer dann, wenn eine Aussage kongruent ist, ist sie für die Person auch ökologisch.

INKONGRUENZ

Hier sind verbale und nonverbale "Aussage" nicht stimmig. Gleichwohl sind beide Aussagen gültig für das, was A erlebt. Das bedeutet, es ist nicht so, daß eine Aussage "wahr" und die andere "falsch" ist. Beide Aussagen sind "wahr".

1. Simultane Inkongruenzen pacen

Zwei Polaritäten (Gegensätze) erscheinen gleichzeitig in

zwei unterschiedlichen Sinneskanälen.

B spiegelt die simultane Inkongruenz.

Übung zu 1 – ein Beispiel:

A sagt (kopfschüttelnd): "Ich möchte *eigentlich* abnehmen."

B antwortet (auch kopfschüttelnd): "Gut, daß du *vielleicht*

abnehmen möchtest …"

2. Sequentielle Inkongruenzen pacen

Zwei Polaritäten erscheinen nacheinander in einem

Sinneskanal. B wiederholt die gleiche Sequenz in seinem

Verhalten. Die Reihenfolge wird dabei vertauscht.

Die Übung hat folgendes Muster:

A: X, aber Y - **B**: Pacing Y, aber X.

Übung zu 2 – ein Beispiel:

A sagt: "Ich will Urlaub machen, aber ich habe so viel zu

tun." B antwortet: "Du hast so viel zu tun, aber du willst

Urlaub machen." ■

Augenbewegungsmuster
... ich schau dir in die Augen, Kleines ...

Menschen neigen dazu, beim Nachdenken ihre Augen in bestimmte Richtungen zu bewegen. Diese Bewegungen sind nicht zufällig, sondern hängen recht systematisch mit der *Form unserer Erinnerungen* zusammen. Unsere Erinnerungen können unterschiedlich gespeichert werden, als Bilder, Töne, Gefühle, Gerüche ...

Bewegen sich die Augen beim Nachdenken oberhalb der waagerechten Blickrichtung, werden innere Bilder erinnert. In der waagerechten Blickrichtung liegen innere Töne, Geräusche und Stimmen. Wer gerade "in seinen Gefühlen" ist, schaut eher nach rechts unten, während links unten der innere Dialog geführt wird. Schaut man defokussiert geradeaus ("ins Leere starren"), hat man auch hier Zugang zu inneren Bildern.

Bei der Unterscheidung zwischen konstruiert und erinnert kann es zu Mißverständnissen kommen. Bitte ich beispielsweise jemanden, sich sein erstes Auto vorzustellen, und er parkt es in Miniaturausgabe direkt auf dem Schreibtisch, dann werden da in diesem Falle konstruierte Elemente einfließen, weil der Wagen dort noch nie gestanden hat.

FLUFF

Das heißt, die Blickrichtung wird zwischen rechts oben und links oben hin- und herwandern. Möglicherweise kommen aber auch noch andere Blickrichtungen hinzu, wenn z.B. A in diesem Moment der Erinnerung ein spezielles Gefühl wieder aktivieren kann und sich dann fragt: "... Warum hast du den (Wagen) damals eigentlich verkauft?"

Nicht alle Menschen müssen diesem Schema entsprechend reagieren, manchmal sind die Bewegungen auch seitenverkehrt (nicht nur bei Linkshändern) oder völlig anders. Es ist nicht wichtig, daß A nach diesem Schema "funktioniert", sondern daß B sich ganz individuell auf die spezielle Systematik von A einstellt und entsprechend reagiert.

Wenn A durch irgendeine dieser Blickrichtungen anzeigt, daß er gerade in einem inneren Suchprozeß ist, redet ihm nicht dazwischen. Wenn ihr es aber tut, wählt den richtigen Kanal. Es ist unpassend, jemanden, der gerade in seinen Bildern steckt, zu fragen, wie sich "dieses oder jenes denn anhört". Wer sich z. B. gerade "ein Bild macht", hat seine äußere auditive Wahrnehmung reduziert. ➜➜

Zur Erinnerung: Ihr bekommt lediglich Anhaltspunkte dafür, *wie* A denkt, nicht aber, *was* A denkt.

Die Augenbewegungsmuster sind ein Indikator dafür, in welchem Sinneskanal A sich gerade befindet. Zu wissen, in welchem Sinneskanal jemand gerade ist, erlaubt ein besseres Pacing. Dies führt manchmal zu Überraschungen bei Menschen, die NLP nicht kennen. "Woher wußtest du, daß ich mich gerade innerlich etwas gefragt habe?" (Innerer Dialog, Augen links unten).

Übung: Findet für jedes Gruppenmitglied heraus, wie es organisiert ist.

Beispielfragen zu den Augenbewegungen:

"Welche Farbe hat dein Wagen?" (Ve)

"Wie würdest du mit blauen Haaren aussehen?" (Vk)

"Höre, wie deine Mutter deinen Namen sagt." (Ae)

"Höre, wie ein komplettes Theaterpublikum deinen Namen ruft." (Ak)

"Wie fühlt es sich an, erfreut zu sein?" (K)

"Was kommt im Alphabet nach G?" (iD)

Rechnet damit, daß es bei unpräzisen Fragen zu Verwirrung kommen kann, wenn A einen bestimmten Weg zur Beantwortung der Frage geht. Es kann sein, daß er die Frage nach seiner Lieblingsmusik nicht direkt mit Ae beantwortet, sondern mit Ve, da er sich vor dem Plattenspieler stehen sieht, dann kurz iD ("Welche ist es denn?") und dann erst Ae zeigt. Hier handelt es sich dann um eine Zugangs-"Strategie".

Die Fähigkeit, Zugangshinweise zu erkennen, ist besonders wichtig für die Strategiearbeit (Practitioner-Ausbildung), die das Analysieren, Verändern und Verfeinern dieser systematischen Abläufe zum Thema hat.

Augenbewegungsmuster:

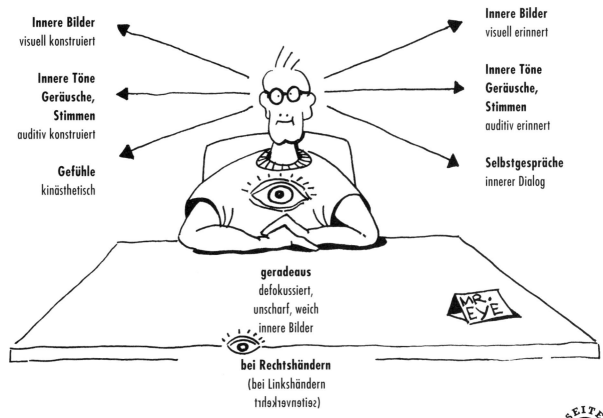

Innere Bilder
visuell konstruiert

Innere Töne
Geräusche,
Stimmen
auditiv konstruiert

Gefühle
kinästhetisch

Innere Bilder
visuell erinnert

Innere Töne
Geräusche,
Stimmen
auditiv erinnert

Selbstgespräche
innerer Dialog

geradeaus
defokussiert,
unscharf, weich
innere Bilder

bei Rechtshändern
(bei Linkshändern
seitenverkehrt)

MR.
EYE

Physiologien
... wie innen, so außen ...

Bestimmte Konstellationen von Wahrnehmungs-, Denk-, Fühl- und Verhaltensmustern werden im NLP "Physiologien" genannt. Diese inneren Prozesse spiegeln sich in von außen erkennbaren Veränderungen wieder (entspannte Gesichtszüge, übereinandergeschlagene Beine, kalte Hände, ungleichmäßige Atmung etc.).

Wichtige, vom Beobachter wahrnehmbare Kriterien für die unterschiedlichen Zustände sind:

■ die Muskelspannung

■ das Atemmuster (wo lokalisiert, wie häufig, wie tief)

■ die Augenbewegungen

■ kleine Körperbewegungen (ideomotorische Programme)

■ die Durchblutung (vor allem die Gesichtsfarbe,
   Lippengröße etc.)

■ die Körperhaltung (Symmetrie)

FACTS

Eine, wenn nicht die wichtigste Fähigkeit beim NLP ist die genaue Wahrnehmung und die damit verbundene, auf mein A abgestimmte Kommunikation.

Wahrnehmung kann man tagtäglich und überall üben, ohne einen speziellen Übungsablauf. Sich für 3 x 10 Minuten pro Tag oder in einem bestimmten Gespräch nur auf die Veränderung von Physiologien meiner Gesprächspartner zu konzentrieren, bringt eine Menge an Übung und fördert das "Hellsehen" und damit die Genauigkeit und Feed-backbezogenheit der Kommunikation.

Übung

Wie sehen die **"Ja"** bzw. **"Nein"**-Physiologien eurer Gruppenmitglieder aus? Denkt für 1 Minute ganz intensiv "Ja", dann ein Separator, und danach für 1 Minute ganz intensiv "Nein". Die anderen kalibrieren sich auf diese Physiologien, fragen euch dann, ob ihr lieber Kaffee, Tee, Saft oder Mineralwasser wollt, und bringen euch ohne eine verbale Antwort von euch, was ihr wollt. Klappt´s? ■

HELLSEHEN

Hellsehen
... oder wie man den Durchblick bekommt ...

Auflösung auf Seite 56

Arbeitet immer an dem, was ihr noch nicht so gut könnt. Ist die Beobachtungsfähigkeit schon ein wenig herangebildet, übt das auditive Kalibrieren und umgekehrt.

Bei dieser Übung geht es wieder um das genaue Hinschauen, das visuelle Kalibrieren auf verschiedene Physiologien.

Um die verschiedenen Zustände (Physiologien), in denen sich eine Person gerade befindet, deutlich unterscheiden zu können, ist es wichtig, die äußeren Veränderungen, die mit diesen bestimmten Zuständen einhergehen, genau zu registrieren.

Beim Hell*sehen* geht es zwar um das visuelle Kalibrieren, aber man kann aus der Übung auch ein Training für das exakte Hören machen. A kann jedesmal mit einem kurzen "Ja" antworten, wenn die Antwort bei den Unterscheidungsfragen (siehe Übung) innerlich präsent ist, und die Zuhörer raten anhand der Stimme, welche Person gemeint ist.

Bei der Stimme kann ich z.B. ihre Höhe, ihre Färbung, oder einen gepreßten oder leichten Klang unterscheiden. Wenn sich die Zuhörer noch mit dem Rücken zu A stellen, um keine visuellen Informationen zu bekommen, ist es eine rein auditive Übung.

Übung

1. Unsympathische Person auswählen und Physiologie induzieren: A wählt eine Person aus, die ihm unsympathisch ist, über die A sich geärgert hat und die er am liebsten von hinten sieht (gut eignen sich manche ehemalige Lehrer o.ä.).

B hilft A in die Physiologie hineinzukommen. "Erinnere dich an diese Person. An eine Situation, die repräsentativ für sie ist. Für den Kontakt zwischen euch. Was ist das, was du nicht magst? Vielleicht ist es etwas, was du siehst, hörst oder etwas anderes ...?"

(Nur so lange erinnern lassen, bis B und C sich kalibriert haben, denn A soll es ja nicht unnötig schlecht gehen!)

B und C merken sich die Physiologie! Kalibrieren! und Separator!

2. Sympathische Person auswählen und Physiologie induzieren: A wählt nun eine Person, die ihm sehr sympathisch ist. B hilft wieder, daß A sich erinnert und intensiv an diese Person denkt.

Beobachten, genaues Kalibrieren! Separator!

3. Hellsehen: Nun werden von den Zuschauern Unterscheidungsfragen zu den beiden Personen gestellt, die A jedoch nur in Gedanken beantwortet, indem sie/er an die betreffende Person denkt. Die Zuschauer raten mittels der Wahrnehmung der unterschiedlichen Physiologien, an welche Person A gerade denkt ■

Unterscheidungsfragen können z. B. die folgenden sein:

Welche Person ist größer?

Welche Person hat die helleren Haare?

Welche Person fährt das größere Auto?

Welche Person hast du zuletzt gesehen?

Welche Person hat eher im Jahr Geburtstag? etc.

Ist eine Frage nicht zu beantworten, winkt A einfach ab, und es wird die nächste Frage gestellt. A gibt ein zuvor vereinbartes Zeichen, wenn die Frage innerlich beantwortet ist. So wird sichergestellt, daß B und C sich nicht schon auf As Antwortsuchphysiologie kalibrieren ■

Auflösung von Seite 54 :
Ein Fuß ist weiß.
Einmal nur 3 Haare.

Beachtet bei der Übung immer mehrere Merkmale. Wenn ihr nur eins herausgenommen habt, kann es passieren, daß gerade dieses Merkmal beim Wechsel der Physiologie gleichbleibt (z.B. die Sitzhaltung).

Physiologien-Vokabular
... what a feeling ...

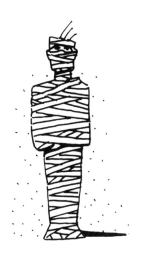

Problemphysiologie

Beschreibt As Zustand, wenn er an sein Problem denkt. Im Extrem führt diese Physiologie in den *stuck state*. "Stuck" bedeutet Blockade oder Stillstand. Es ist der Zustand, in dem keine Wahlmöglichkeiten mehr erkannt werden. Alles, was die Person erlebt, gehört zum Problem.

Ressourcephysiologie

Charakterisiert den Zustand des Zugriffs auf Fähigkeiten und Möglichkeiten in bezug auf ein bestimmtes Problem und wird z.B. als allgemeine Fähigkeit (Blankoressource: Ruhe, Mut, Humor) identifiziert oder durch eine Modellperson angeregt ("Was würde der X an deiner Stelle tun?") Es gibt offenstehende Wahlmöglichkeiten für Gefühle, Gedanken und Verhalten. "Ich fühle mich gut, ich bin o.k. ..., ich kann ..."

Zielphysiologie

Sie zeigt As Zustand, wenn er an sein Ziel denkt. Es ist der Zustand, an dem B erkennen kann, ob die Veränderungsarbeit abgeschlossen ist. →→

Versöhnungsphysiologie

Sie tritt auf, wenn A sich des sekundären Gewinns seines Problems bewußt wird und dieses als sinnvoll für sich erkennen kann. Sie wird häufig als Ausdruck spontaner Gefühle wie Lachen, Weinen, Entspannen sowie einer Zunahme der Körpersymmetrie erlebt.

Trance-Physiologie

Kennzeichnet den Zustand in dem alles, was "innen" erlebt wird (Bilder, Geräusche, Gefühle, Gerüche etc.), wichtiger ist als das "Außen". Trance tritt spontan auf oder wird in den Modellen mit dem Satz "Geh' nach innen", einem Fluff oder auf anderen Wegen induziert. Dieser kreative Zustand der inneren Aufmerksamkeit ist wertvoll und schützenswert.

Separator-State

Der Zustand, der andere Zustände voneinander trennt (separiert). Es handelt sich um eine "Hier-und-jetzt"-Orientierung, die am besten dadurch erreicht wird, daß alle Körperwinkel einmal bewegt werden. Unterschiedliche Physiologien werden durch aktiv gesetzte Separatoren (Unterbrecher) voneinander getrennt.

SEPARATORS
Schütteln, schäkern, Schokolade, stehen,
schreien, säuseln, schmusen

FACTS

In dieser **Übung** geht es um den *stuck state*, das Festgefahrensein, die Blockade. B wird lernen, im Umgang mit *stuck states* ruhig und gelassen zu bleiben und den kreativen und den flexiblen Umgang mit den Repräsentationssystemen zu nutzen.

A kann in dieser Übung die Angst vor dem *stuck state* verlieren, selbst aktiv hineingehen und vielleicht erkennen, daß er diesen Zustand auch managen kann (*self coaching*).

Übung in Zweiergruppen

1. A bringt sich selbst in den *stuck state*:

Eine Hilfe ist hier das Ausblenden der Repräsentationssysteme oder das Intensivieren eines Repräsentationssystems, z.B. des inneren Dialogs.

2. B holt A respektvoll aus diesem Zustand heraus:

Probiert aus, wie klein der sinnliche Input sein kann , um A wieder zu reorientieren. (Gegen den Stuhl treten kann jeder!) Probiert nacheinander alle Repräsentationssysteme (V,A,K,O) aus. In welchem ist A wieder "zurückholbar?" ■

ANKER

Anker

... you must remember this ...

Man kann in allen fünf Wahrnehmungskanälen
Anker setzen.Versucht es mal olfaktorisch.

Beim Ankern wird in einem ersten Schritt eine Koppelung
zwischen einem externen Reiz (über die fünf Sinneskanäle)
und einem inneren Zustand hergestellt. Diese Koppelung
kann später benutzt werden, um über den Reiz diesen
inneren Zustand wieder auszulösen.

Ein bestimmtes Geräusch, ein bestimmtes Wort, eine
bestimmte Melodie sind *auditive* Anker. Ein bekanntes
Beispiel für einen auditiven Anker ist es, wenn Paare von
"unserem Lied" sprechen und sich dabei in der Regel an
einen *moment of excellence* erinnern.

Bilder oder *visuelle* Zeichen, die ein bestimmtes Erleben
auslösen, sind uns allen bekannt. Verkehrszeichen, Warn-
schilder, das Hakenkreuz, Bilder in Reisekatalogen oder
Sexmagazinen sind mit einem bestimmten Erleben gekoppelt. So werden auch Urlaubsfotos von dem, der sie gemacht hat, als "kompletter" erlebt als von unbeteiligten
Dritten. Denn hinter jedem dieser visuellen Reize liegt ein
gesamter Erlebniszusammenhang.

Der *olfaktorische* Kanal steht, ebenso wie der *gustatori-
sche,* in unserem westlichen Kulturkreis nicht im Zentrum

FLUFF

der Aufmerksamkeit. Gerade deswegen liegen in diesen weniger benutzten Repräsentationssystemen große Möglichkeiten. Wer kennt nicht einen Geruch, der schon "ewig" hält und ihn bis in die Kindheit zurückträgt (Zimtsterne, frisch gemähtes Heu, Kakaopulver).

Auch eine Berührung an einer bestimmten Stelle unseres Körpers kann, einmal geankert, jederzeit wieder bestimmte Gefühle auslösen. Diese *kinästhetischen* Anker (z. B. eine Berührung am Knie) werden im NLP häufig benutzt, um bestimmte Physiologien wieder aufrufbar zu machen.

Die oft gestellte Frage, wie lange denn so ein Anker "hält", ist unter anderem mit der Reizüberflutung der häufiger benutzten Kanäle zu beantworten. So überlagern und überdecken sich viele Anker und heben sich dadurch auf.

Aber einmalige Ereignisse wie z. B. ein ganz spezielles Parfüm oder ein gutes Essen (Weihnachten) können oft noch nach langer Zeit das entsprechende Umfelderleben wieder vollständig aktivieren.

Das Ankern eines bestimmten Erlebens an einen äußeren Reiz (ein Produkt) ist eine grundlegende Strategie →→

Man kann nicht \nicht ankern!

der Werbung. Hier kann man auch sehen, daß die Koppelung dieses Reizes mit dem auszulösenden Erleben in keinem logischen Zusammenhang stehen muß (siehe Zigaretten und Freiheit, Joghurt und Lebenserfolg) ∎

Anker nutzen (*stealing anchors*)

1. Anker erkennen: A und B unterhalten sich, C hört zu, schaut zu, kalibriert sich auf eine bestimmte (z. B. Ressource-) Physiologie von A und beobachtet: Durch welche *minimal-cues* von B wird diese A-Physiologie geankert. Wenn C sicher ist, unterbricht er die laufende Interaktion. Separator.

2. Anker benutzen: C geht nun selbst in die B-Position und löst dann während des folgenden Small talk ab und zu selbst den Anker aus. B aus der ersten Sequenz ist jetzt C. Wenn der jetzige B sicher ist, daß sein Anker wirkt, unterbricht er die Interaktion.

3. Alle drei diskutieren das Ergebnis anhand beobachtbarer Verhaltensweisen/Physiologien!

DER FLUFF

Der Fluff
... bitte schön einpacken,
ich möchte es verschenken ...

Der Fluff, wörtlich übersetzt mit "Flaum" bzw. "Staub- oder Federflocke", ist im NLP ein Instrument, mit dem A in den Bewußtseinszustand der Trance geführt wird.

"Trance" heißt im NLP jener Zustand, bei dem A aus dem Kontakt geht, weil das "Innen" gerade wichtiger ist als das "Außen".

Der Fluff ist die sprachliche Unterstützung von B für die Trance von A. A wird sozusagen "in Watte gepackt". Es ist wichtig, auf einer so abstrakten Ebene zu sprechen, daß A den ihm angebotenen Fluff mit eigenen Vorstellungen füllen kann.

Ziele des Fluff sind:

■ Vertrauen zu schaffen, so daß A völlig loslassen/ entspannen kann.

■ Neues Erleben zu ermöglichen, um die Wahlmöglichkeiten zu erhöhen.

■ Klarheit zu bekommen durch einen entsprechenden Sortierprozeß.

■ Informationen aus anderen Bewußtseinsbereichen zu bekommen. →→

1. Fluffbeispiel :

"... und wie du weißt, daß da, wo Schatten ist, immer auch Licht ist. So weißt du auch, daß da, wo ein Problem ist, es auch eine Lösung gibt ... und das Problem ist vielleicht das eine Ende des Kontinuums, an dessen anderem Ende ganz automatisch die Lösung zu finden ist ...

Wenn du dir erlaubst, deinem Denken einen solchen Rahmen zu geben, wirst du da ankommen, wo du hin möchtest ... wo auch immer das ist ... und in der Weise, in der du das erkennst, wird dir klar, daß es eine der wichtigsten Fähigkeiten ist, die wir haben, ...

Nur so können immer wieder neue und interessante Lernerfahrungen gemacht werden ...

Während du jetzt ein- und ausatmest, kannst du vielleicht herausfinden, auf welche Art du noch tiefer in dieses intensive Erleben hineinkommen kannst ...

Und du kannst immer deutlicher gestalten, was jetzt gerade passiert ... so daß du noch mehr Aspekte für das Erleben heranziehen kannst ... nimm' alles mit ... Und auch diese Bewegung kann dir erlauben, für das, was gerade

passiert, noch mehr Aspekte des Erlebens zu nutzen ...

Und ich weiß nicht, ob schon der richtige Zeitpunkt gekommen ist oder erst gleich, um alle deine Sinne für dieses Erleben hier zu öffnen ... laß' dich überraschen ... du hast Zeit ... laß dich einfach beschenken ...

2. Fluffbeispiel :

Und während du tiefer und tiefer in dieses Erleben hineingleitest, kannst du herausfinden ... neu sortieren ... neu gestalten und zusammensetzen, was du vielleicht von früher schon kennst und woran du lange nicht gedacht hast ...

Und nachdem du deine Hände spürst, kannst du jene Hände vielleicht benutzen, um dir die Antworten zeigen zu lassen ...

Ebenso wie du jede Bewegung des Kopfes benutzen kannst, um ... herauszufinden ... und manchmal dauert es eine Zeit, die beste Haltung zu finden ...

Und dann möchte ich, daß du dieses Erleben benutzt für einen Ausflug in die Vergangenheit, wo du ähnlich intensiv gelernt hast ...

Und mache dir klar, was aus diesem Erleben von ➜➜

DER FLUFF

damals hier noch an zusätzlichen Erfahrungen hinzukommt, die du mit in deine Zukunft nehmen könntest ... und daß du diese Position hier überall, wann und wo in Zukunft auch immer benutzen kannst ...

Und komme erst dann mit deiner Aufmerksamkeit und Wahrnehmung in diesen Raum zurück, wenn du neue Informationen hast ...

Bevor du nach und nach deine Körperhaltung veränderst, bis du wieder ganz im Hier und Jetzt bist, und laß dich überraschen, wie es ist, wieder ganz hier zu sein, ..."

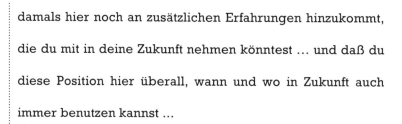

Hinweise für eure eigenen Fluffs:

■ Keine Negativvokabeln senden. ("Du brauchst dich jetzt nicht schlecht zu fühlen")

■ Fragen haben Separatorwirkung.

Besser: "Und ich weiß nicht, ob du dich vielleicht fragst, ob ...?"

■ Die Trancestimme ist leiser und tiefer.

Es wird "ohne Punkt und Komma" gesprochen.

■ Aussagen werden im Fluff einfach mit "und", "oder",

FLUFF

"während" und "bevor" aneinandergereiht.

■ Soll über V, A, K, O "innen" ein bestimmtes Erleben aktiviert oder ein konkreter Zielzustand abgebildet werden, dann nehmt bitte auch hier sprachlich das auf, was euch A physiologisch anbietet (Pacing).

Es ist also unpassend, A zu bitten, doch (endlich) etwas zu hören, wenn sich der Ärmste gerade ganz offensichtlich – durch lebhaftes Bewegen der Nasenflügel – olfaktorischen Zugang zu seinem inneren Erleben verschafft.

■ Bewußt Pausen setzen oder unvollständige Sätze benutzen. A ergänzt innerlich automatisch.

■ Betonung bei Signalankern,

z. B. "… kannst du vertrauen …"

■ Jede Wahrnehmung von B bei A kann benutzt (utilisiert) und in den Fluff eingebaut (inkorporiert) werden.

Z. B. "… ja, genau …dieses Lächeln kann dir vielleicht helfen …" Dies dient der Vertiefung der Trance sowie dem inneren Sortierprozeß.

■ Die Sprache des Fluff hat den Charakter eines Angebots, deshalb wird entsprechend "weich" formuliert. ➔➔

FLUFF

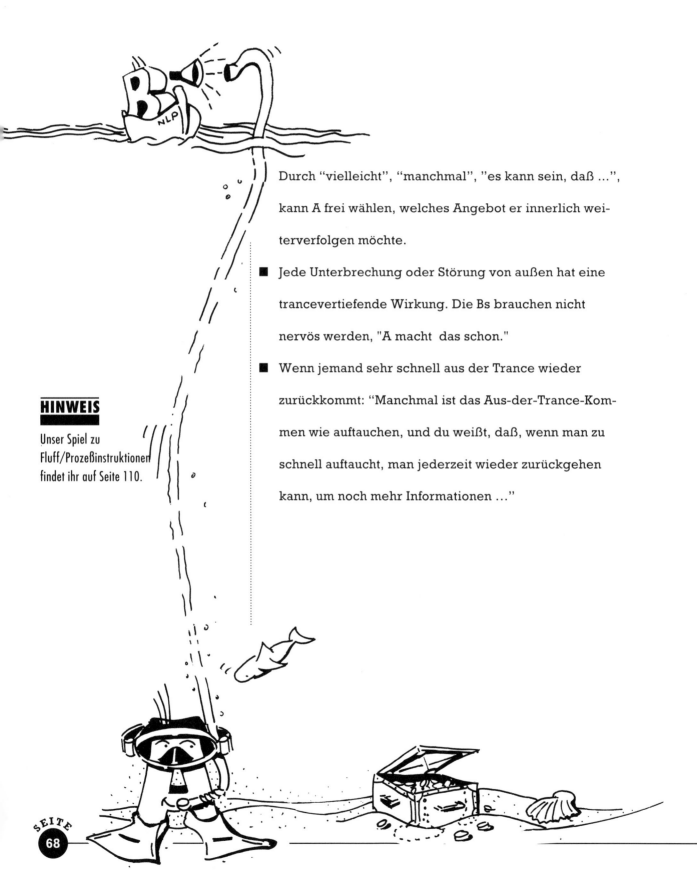

Durch "vielleicht", "manchmal", "es kann sein, daß ...", kann A frei wählen, welches Angebot er innerlich weiterverfolgen möchte.

- Jede Unterbrechung oder Störung von außen hat eine trancevertiefende Wirkung. Die Bs brauchen nicht nervös werden, "A macht das schon."

- Wenn jemand sehr schnell aus der Trance wieder zurückkommt: "Manchmal ist das Aus-der-Trance-Kommen wie auftauchen, und du weißt, daß, wenn man zu schnell auftaucht, man jederzeit wieder zurückgehen kann, um noch mehr Informationen ..."

HINWEIS

Unser Spiel zu Fluff/Prozeßinstruktionen findet ihr auf Seite 110.

Collapsing anchors/ Integration dissoziierter psychophysiologischer Zustände (IDPZ)

... ist einfacher, als es sich anhört ...

Bestimmte Physiologien ermöglichen den inneren Zugang zu bestimmten Denk-, Fühl- und Verhaltensmustern.

Sitze ich mit gesenktem Kopf, gepreßter Atmung und angespannter Schultermuskulatur da, ist der Zugang zu Gefühlen von Euphorie und Glückseligkeit kein leichter. Ebenso ist es fast unmöglich, sich tief traurig zu fühlen, wenn man gerade Achterbahn fährt.

Manchmal kann es sinnvoll sein, die mit einem bestimmten Kontext gekoppelten Fühl- und Verhaltensmöglichkeiten auch in anderen Zusammenhängen zur Verfügung zu haben. Physiologien, die oftmals getrennt voneinander erlebt werden und die spannend zu integrieren sind, wären die folgenden:

- Brille auf – Brille ab,

- (bei Frauen) hohe Schuhe – flache Schuhe,

- Rauchen – Nichtrauchen,

- die Muttersprache – eine Fremdsprache sprechen etc.

Laßt euch überraschen, mit welcher Wahrnehmungs- und Reaktionserweiterung diese Integration einhergeht ■

IDPZ-Modell

1. **Rapport-Check**

2. **Induktion der X-Physiologie:** "Gehe bitte innerlich in eine Situation, die typisch ist für dich in dem Zustand bzw. der Befindlichkeit, mach' dir klar ..., laß' dich überraschen ..." (V, A, K, O) + ANKER (Berührung = kinästhetischer Anker, Sprechrichtung = auditiver Anker) - Separator

3. **Induktion der Y-Physiologie:** Subjektives Gegenteil induzieren (V,A,K,O) + ANKER - Separator

4. **Integration der Physiologien:**

   Beide Anker gleichzeitig benutzen

   a) Prozeßinstruktionen (Fluff) über:

   Welche Fähigkeiten, Erlebens- undWahrnehmungs-möglichkeiten ich bei X und Y in der Integration erlebe. Variante als Vorübung zum *six step*.

   b) Prozeßinstruktionen (fluff) in Richtung Sinn und Nutzen des X'ens.

5. *Future-pace* **und Öko-Check:** "Wo in Zukunft könnte diese Fähigkeit/das eben Erlebte wichtig für dich sein?"

FLUFF

Fluff-Beispiel für IDPZ beim *Six-step* -Modell: (Punkt 4b)

"Denke, sinniere, träume einen Traum, mache eine kleine Gedankenreise, Meditation, laß' deine Gedanken wandern ...

Es kann sein, daß dir Ideen kommen von Fähigkeiten, an die du lange nicht gedacht hast, die du von früher kennst oder die du neu gestalten kannst, zusammensetzen kannst aus Fähigkeiten, die du vormals da und dort getrennt erlebt hast ...

Während dir das X'en oftmals belastend vorkam, mag es sein, daß dir jetzt klar wird, welchen Sinn, welche positive Absicht in deinem Leben das X'en für dich bisher hatte ...

Und wie auf eine völlig neue Art und Weise, diese Art darüber nachzudenken, neue Aspekte und zusätzliche Bereicherungen in dein Leben bringt.

Laß dich überraschen. Du hast Zeit ..." ∎

FLUFF

MOMENT OF EXCELLENCE

Moment of excellence
... man gönnt sich ja sonst nichts ...

Physiologiewechsel ist Psychologiewechsel

Jedes innere Erleben ist an eine bestimmte körperliche Haltung gekoppelt, eine bestimmte Art sich zu bewegen, da zu sitzen, den Kopf zu halten oder die Hände zu bewegen.

Dies bedeutet, es gibt sogenannte Selbstanker, meist Körperhaltungen und kleine Körperbewegungen, die mit ganz bestimmten Situationen und Gefühlen fest, aber meist unbewußt, verbunden sind.

Der zur Seite geneigte Kopf und das langsame Streichen des Kinns kann beispielsweise mit intensivem Nachdenken einhergehen. Tiefes Atmen und leicht angespannte Lippen sind bei manchen Menschen mit dem Zustand der Konzentration verbunden.

Übung

Besprecht in der Gruppe oder notiere einmal für dich selbst alle Selbstanker (Körperhaltungen/Bewegungen), die du von dir schon kennst. Mit welchem inneren Erleben sind sie gekoppelt? Beobachte dich einmal einen Tag lang unter diesem Aspekt. Wo gibt es Dinge, die nach einem bestimmten Auslöser automatisch ablaufen?

Auch die Erinnerung an eine wunderschöne Situation,

ein unbeschreibliches Gefühl oder einen exzellenten Zustand geht einher mit einem bestimmten körperlichen Phä-
nomen. Kenne ich diesen Selbstanker, kann ich ihn bewußt
benutzen, um zu diesem Zustand, diesem *moment of excellence* Zugang zu bekommen.

Beim Nachbauen der Physiologie in der Übung ist es
wichtig, so genau wie möglich zu sein, bis über die
Körperhaltung das Gefühl wieder zurückkommt. (Manchmal
sind es Kleinigkeiten, die den Unterschied ausmachen!)
Dann wird diese Bewegung/Haltung in Zusammenarbeit mit
A so reduziert, daß sie überall, sogar am Arbeitsplatz oder
in der Öffentlichkeit benutzt werden kann und nur er/sie
diesen Selbstanker kennt.

Beim Benutzen des Selbstankers im Alltag verhält es sich
wie mit einem Zauberring. Einmal drehen reicht, um den
Erfolg zu überprüfen. Wenn es nicht funktioniert, versucht
es lieber in einer anderen Situation noch einmal ∎

Moment of excellence-Modell

Jedem A sein eigenes Pacing: "Erinnere dich an eine echt scharfe Situation, wo du irre gut drauf warst." – "Eine Situation, in der Sie sich Ihrer Fähigkeiten voll bewußt waren ..."

Die Erinnerung an exzellente Situationen wird mit variablen Anweisungen unterstützt. Experimentiert ein wenig mit der Sprache herum, bis ihr ein Wort, eine Beschreibung gefunden habt, zu der A evtl. unbewußt nickt, und mit der der Zugang zu diesen Erinnerungen hergestellt ist.

Kalibrieren:
Achtet einmal darauf, ob ihr bereits von außen sehen könnt, welche Situation die beste war!

*Ideomotorische Programme = kleinere unbewußte Bewegungsabläufe

1. **Rapport-Check**

2. **Identifizieren dreier guter, exzellenter (Ressource-) Situationen:** "Suche bitte drei Situationen, in denen du dich absolut gut gefühlt hast, du im Vollbesitz deiner Kräfte und Möglichkeiten warst, ein wirkliches Supergefühl hattest, genau das, was du haben wolltest. Ich möchte, daß du kurz in diese Situationen hineingehst und eine – die beste und schönste – auswählst."

3. **Hineinführen in diese Situation:** Achtet im folgenden auf As Haltung, seine Atmung, kleine ideomotorische Programme.*

   V-, A-, K-, O-Induktion: "Was siehst du, hörst du, fühlst du, riechst du und schmeckst du?"

   "Vergegenwärtige dir, wie deine Körperhaltung ist, da, wo du jetzt bist." (Kinästhetischer Selbstanker)

   "Du hast jetzt alle Möglichkeiten, da, wo du jetzt bist. Du kannst Elemente ergänzen und du kannst vielleicht die gesamte Situation oder den exzellenten Moment in deiner subjektiven Wahrnehmung noch verlängern, damit du ihn intensiver genießen kannst."

"Und während du diesen exzellenten Moment einige Zeit genießt, fällt dir ein Wort dafür ein." (Auditiver Anker)

4. **Separator nicht vergessen**

5. **Rückmelden und Nachbauen der Körperhaltung, der Physiologie und der ideomotorischen Programme:** Es wird so lange probiert und modelliert, bis die volle Physiologie wieder da ist und das Gefühl von soeben wieder erlebbar wird. Der Körperanker – der kinästhetische Selbstanker – wird A jetzt bewußtgemacht (siehe 3). Welche Kleinigkeit, welcher Auslöser bringt A am schnellsten wieder in diesen guten Zustand?

6. *Future pace:* "Wo genau, wann genau oder wem gegenüber genau könntest du das eben Erlebte gut gebrauchen?" – "Wo genau hättest du so eine Ressource gerne zur Verfügung?"

"Mache dir klar, wie du weißt, daß du dich in dieser zukünftigen Situation an deinen Selbstanker erinnerst." ■

Möglicher Öko-Check: Laßt A - als eine Art vorbeugendes Reframing (Pre-Reframing) - Situationen finden, in denen es nicht oder noch nicht ökologisch wäre, mit dieser Moment-of-excellence-Physiologie "draußen" aufzutreten.

Change history
... zurück in die Zukunft ...

Viele von uns kennen Situationen in der Vergangenheit, von denen wir denken, daß die Dinge nicht so gelaufen sind, wie wir sie haben wollten oder wie es besser für uns gewesen wäre.

Manchmal sind es nur Kleinigkeiten. Etwas, das wir gern anders getan hätten oder anders gesagt hätten. Diese Dinge sind häufig nicht leicht aus dem Kopf zu bekommen und rauben *Energie,* die man besser für etwas anderes benutzen könnte.

Die Vergangenheit ist zwar längst vergangen und kann nicht mehr verändert werden, aber die Art und Weise, wie bestimmte Situationen in unserem Kopf gespeichert sind und wie wir infolgedessen darüber nachdenken, läßt sich verändern.

Ist unsere persönliche Vergangenheit nicht ohnehin nur eine Sammlung von *Geschichten* über uns, d. h. persönlich *bewerteter Geschichte*? Jeder denkt mit 15 Jahren sehr wahrscheinlich anders über seine eigene Kindheit nach als mit 35 Jahren. Und ist daher die permanente Veränderung unserer Geschichte(n) nicht ohnehin ein integrativer

Es ist
nie zu spät
für eine
glückliche
Kindheit.

Bestandteil unseres täglichen Nachdenkens über uns selbst?

Bei dieser Übung der Veränderung der persönlichen Geschichte geht es darum, eine Integration von zwei unterschiedlichen psychophysiologischen Zuständen herbeizuführen. Hier wird das Ankern und das Mischen von verschiedenen Zuständen geübt.

Eine Situation der Vergangenheit wird mit Hilfe einer Ressource verändert, und alten Gefühlen von Ärger, Festgefahrensein, Sprachlosigkeit und Hilflosigkeit werden neue Wahlmöglichkeiten hinzugefügt.

Die Ressource muß gut geankert sein, am besten über einen körperlichen Anker (eine Berührung) und einen auditiven Anker (ein Wort).

Läßt sich die Situation der Vergangenheit nicht verändern, ist das ein Hinweis darauf, daß dies zu diesem Zeitpunkt noch nicht sinnvoll (ökologisch) sein könnte. Die bestehende Sichtweise der Situation stellt zur Zeit im Leben der Person noch etwas Wichtiges sicher, und ein anderes Modell, das dies berücksichtigt, ist hier angebracht ■

T I P

Nehmt keine wirklich dramatischen, traumatischen Situationen aus der Vergangenheit, dafür sind andere Modelle da (*six step reframing*), die den möglichen sekundären Gewinn des alten Verhaltens berücksichtigen.

Eine Frage zur Ökologie wäre hier: "Was würde sich in deinem Leben negativ verändern, wenn du über diese Situation anders nachdenken/ fühlen würdest?"

CHANGE HISTORY

Change history-Modell

1. **Rapport-Check:** Berührungspunkte für die Anker ausmachen.

2. **Identifizieren einer unangenehmen Situation der**
   Vergangenheit: "Wähle eine Situation deiner
   Vergangenheit, wo es nicht so gelaufen ist, wie du es
   dir gewünscht hast?"

3. **Induktion der Problemphysiologie:** Über V, A, K, O in
   die spezifische Situation hineinführen.
   Kinästhetischer Anker (Berührung) + auditiver Anker
   (Wort).
   Separator!

4. **Identifizieren und Induzieren der Ressource:** "Wenn
   du jetzt an all' die Dinge denkst, die du jetzt kannst, die
   du damals nicht gekonnt hast, was, von all dem hättest
   du damals gut gebrauchen können?" "Geh' in eine
   Situation, die repräsentativ ist für diese Ressource."
   "Wie genau V, A, K, O merkst du es, wenn du diese
   Ressource zur Verfügung hast?"
   Ankern, kinästhetisch + auditiv

5. **Integration:** "Ich möchte, daß du gleich ,nach innen

gehst' und die Situation X noch einmal und, zwar zusammen mit der Ressource Y, durchlebst, bis du zufrieden bist."

"Tu's jetzt! Geh' in die Situation (Anker von 3.) und nimm alles, was du brauchst (Anker von 4.) mit."

"Nimm dir alle Zeit, um deine neue Vergangenheit so zu gestalten, bis du zufrieden bist. Laß dich überraschen, wie sie sich vielleicht verändert und wieviel Y (Ressource) du brauchst, wärend du deine Vergangenheit neu gestaltest, um wirklich ganz zufrieden zu sein."

6. **Future pace + Ökologie-Check:** (mögliche Fragen):

"Bist du zufrieden?" – "Zu wieviel Prozent bist du zufrieden?" – "Kann der Rest Berater sein für bestimmte Situationen?"

"Wofür willst du die alte Sichtweise beibehalten?"

"Wirst du in Zukunft mit den Konsequenzen fertig?"

(Ziel: Versöhnungsphysiologie) ■

Pene-Trance/Zielfindung

... if you can dream it, you can do it ...

Je klarer das
Ziel,
desto stärker ist seine
Sogwirkung.

Viele Menschen sind sehr zielstrebig, aber meistens streben sie mehr, als sie zielen.

Deshalb ist die konkrete Zieldefinition bereits ein erster Schritt in Richtung Lösung. Der Ausgangspunkt vieler Veränderungen ist bei den meisten ein *problemorientiertes "Weg-von"* ("Ich will nicht mehr so gestreßt sein") im Gegensatz zu dem viel sinnvolleren *lösungsorientierten "Hin-zu"* ("Ich möchte mich klar und frisch fühlen.").

Das Pene-Trance-Modell hilft in einem ersten Schritt ein gewünschtes Ziel "penetrant" so zu formulieren, daß es den Anforderungen einer "wohlgeformten Zieldefinition" entspricht. Wenn es hier zu Zielveränderungen kommt, ist dies erwünscht. Der Zielformulierungsprozeß dauert so lange, bis das Ziel kongruent – also mit der Energie der "Gesamtperson" stimmig – vorgetragen wird. Erst dann erfüllt dieser Punkt die Anforderungen an ökologisches Arbeiten.

Danach werden die Ressourcen für diesen Zielzustand aktiviert und eine Brücke in die Zukunft geschlagen ■

FACTS

Pene-Trance-Modell

1. Wohlgeformte Zieldefinition:

"Wie genau möchtest du dich wem gegenüber, wann verhalten können?" – "Was möchtest du, wenn du dein Ziel erreicht hast, können?"

a) Positive Formulierungen (keine Negationen!)

"Wie genau wird das sein, wenn du nicht mehr X bist/hast?" (... gestreßt bist, keine Angst mehr hast).

"Was bist du/hast du/kannst du/fühlst du statt dessen?"

b) Vergleiche umgehen

"Wie weißt du, wenn du (sicherer) ... bist?"

"Was bist du, wenn du ...?"

c) Spezifizierung des Verhaltenskontextes

"Wie, wann, wo und wem gegenüber soll es sein?"

d) Sinnesspezifisch

"Wie genau wirst du wissen, wenn das Ziel erreicht ist?"

"Was genau wirst du sehen, riechen, schmecken, fühlen, hören, kurz bevor du dabei bist, dein Ziel zu erreichen?" (V, A, K, O). "Wo genau fühlst du dich ... im Körper?" →→

e) Kurzer Feedbackbogen

Der Rückmeldungszeitraum für den Erfolg soll kurz

sein: "Woran kannst Du ermessen, wenn Dein Ziel

erreicht ist?"

**f) Zielerleben, Zielverhalten muß von A initiierbar
und aufrechterhaltbar sein**

Also nicht: "Ich möchte, daß *meine Frau* nicht immer so

nörgelt." Sondern: ".."

2. **Ressourcen zum Erreichen/Finden des
Zielzustandes**

a) Generelle Problemlösungsressourcen

"Welche Fähigkeiten hast du generell, um von einem

Problemzustand in einen guten Zielzustand zu kom-

men?" (mind. 3 Möglichkeiten)

b) Modellpersonen

"Was machen andere Leute, was würde ein spezieller

Mensch (Mentor) tun, um das zu erreichen?"

c) Blankoressourcen induzieren

"Du, als reifer erwachsener Mann/reife erwachsene Frau

hast in deinem Leben schon viele Dinge erlebt, die dir

jetzt, in welcher Form auch immer, sehr nützlich sein

können."

3. **Würdigung des "Problemverhaltens":**

"Wann und wo willst du das jetzige Verhalten unbedingt

beibehalten, erleben können?" (mind. 3 Möglichkeiten)

"Welchen guten Zweck erfüllt das alte Verhalten?"

"Wovor schützt es dich?"

4. **Bewertung des Zielverhaltens/Öko-Check:**

"Welche Konsequenzen nimmst du in Kauf?" "Bist du

bereit, den möglichen Preis zu zahlen?" "Lohnt sich der

Aufwand?" "Hast du jetzt, was du wirklich willst?"

5. *Future pace*/**Öko-Check:**

"Woran genau wirst du erkennen, daß jetzt das neue

und jetzt das alte Verhalten angezeigt ist?" – "Was mußt

du sehen, hören, fühlen, riechen und schmecken, … um

zu wissen, jetzt ist es an der Zeit, das neue Verhalten

auszuprobieren?" – "Nenne drei Situationen, in denen

das, was du gerade gelernt hast, nützlich für dich ist." ■

Wie sieht A aus? Seht ihr eine Versöhnungsphysiologie, ist A symmetrisch, ist es o.k. so?

REFRAMING-ARTEN

Reframing-Arten

... neue Wege im Überblick ...

INHALT	BEDEUTUNG	"Y macht mich X."	Kontext bleibt, Symptom-Reframing "Wie wäre es, wenn X nun bedeutet ... ?" (Alternative)
	KONTEXT	"Ich bin zu Z."	Symptom bleibt, Kontext-Reframing "In welchem Kontext wäre Z nützlich?"
PROZESS	SIX STEP	"Ich will nicht mehr X-en."	Absicht und Verhalten trennen, alternatives Verhalten ökologisch aufbauen
	VERHAND-LUNGSMODELL	M stört N. N stört M.	Würdigung von M + N, störungsfreien Rahmen aushandeln
	NEW BEHAVIOUR GENERATOR*	"Ich möchte einen Teil, der X erzielen kann."	Modellsuche, neuen Teil ökologisch aufbauen

* *New behaviour generator* ist nicht in diesem Band

Inhaltliches Reframing
... old games, new frames ...

Die Bedeutung, die bestimmte Dinge für uns haben, variiert mit dem Rahmen, in dem wir sie betrachten.

Will ich am Sonntag ein Picknick veranstalten, ist Regen etwas sehr Störendes – bei der Betrachtung meines Gartens nach zwei Wochen Dürre ist der Regenschauer hochwillmen.

Jähzorn ist im Zusammenhang mit der Betreuung eines Babys etwas sehr Negatives, im Zusammenhang mit einem Räuber, der mir im Park die Handtasche wegreißen will, erweist sich jähzorniges Wehren als hilfreiche Fähigkeit.

Durch das Anbieten eines neuen Betrachtungsrahmens *(reframe)* oder einer neuen Sichtweise wird die Bedeutung verändert.

"Reframing" ist ein sehr kreativer Prozeß, bei dem entweder ein neuer Kontext gesucht wird, in dem das abgelehnte Verhalten etwas Positives ist (Kontextreframing) oder das alte Verhalten eine neue Bedeutung bekommt (Bedeutungsreframing).

Das generelle Ziel ist eine erweiternde, andere Einstellung zum "Symptom", verbunden mit der Würdigung ➔➔

INHALTLICHES REFRAMING

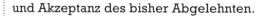

> **❝** Manchmal reicht es aus,
> **die Bewertung**
> des Problems zu verändern,
> anstatt das Problem
> zu verändern. **❞**
>
> Paul Watzlawik

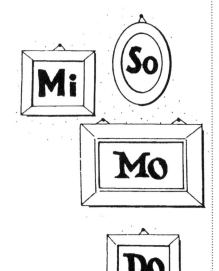

und Akzeptanz des bisher Abgelehnten.

Reframing ist nicht neu. In Märchen, Fabeln, Witzen sowie in der Werbung, überall werden neue Rahmen für alte Betrachtungsweisen angeboten, die einen Aha-Effekt auslösen sollen.

Dieses Schauen auf die Welt und mich durch eine neue, andere Brille ist manchmal schon das Ende eines Problems oder ein guter Anfang für eine Veränderungsarbeit.

Tip

Reframings nicht erklären, sondern einfach machen.

Das bedeutet: keine Meta-Kommunikation über das, was ihr gesagt oder getan habt. Dann ist im allgemeinen "die Luft raus". Tut/sagt es einfach.

Übung

Ich kann auch mal einen Tag für mich zum "Neuen-Rahmen-Tag" machen und für alles, was mir passiert und begegnet, einen anderen Rahmen suchen, der die Bedeutung des Erlebten verändert und dadurch erweitert.

Klageformen: "X macht mich Y." ("Arbeit macht mich immer so müde.") "Ich bin zu Z." ("Ich bin zu pingelig.")

Ziel aller Reframingtechniken

Dem "Symptom" gegenüber wird eine zusätzliche, das Erleben und Verhalten erweiternde, neue Einstellung gewonnen: Würdigung, Akzeptanz und Versöhnung.

Gütekriterien für ein Reframing

■ Überraschungseffekt/Irritation/Sprachlosigkeit

■ Spontane Trance

■ Physiologieänderung (Lächeln, Bewegung, Zunahme der Symmetrie)

■ Versöhnungsphysiologie

■ Amnesie für die Klage/Veränderung der Klage

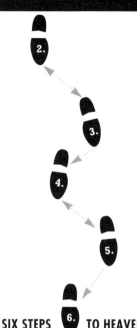

SIX-STEP-REFRAMING

SIX STEPS **6.** TO HEAVEN
Der Modellname ist historisch. Es dürfen auch
acht oder zehn Schritte zum Glück sein!

Six-step-Modell
... was du dem geringsten deiner
Teile tust, tust du dir ...

Das Six-step-Reframing ist eines der umfassendsten Modelle des NLP. Ist die Ausgangslage des Veränderungswunsches: "Ich möchte nicht mehr X-en (d.h., etwas nicht mehr tun oder nicht mehr fühlen) ...", ist das *six step* für fast alle Fälle das Modell der Wahl.

Grundlage ist die Trennung von Verhalten, das als störend erlebt wird, von der dahinterstehenden positiven Absicht dieses Verhaltens. So ist das Verhalten "zu viel essen" für sich allein betrachtet negativ, aber die damit (vielleicht unbewußt) verfolgte Absicht, sich zu belohnen und zu verwöhnen, ist etwas sehr Sinnvolles und Wichtiges für die Person, das auf jeden Fall erhalten werden sollte.

Diese positive Absicht eines ungewollten Verhaltens wird erkannt und (wichtig!) anerkannt. Im folgenden Schritt werden dann alternative Verhaltensweisen gesucht, die die positive Absicht genauso gut sicherstellen, wie das alte Verhalten es bisher getan hat.

Alles, was während des Prozesses passiert – auch ein kleines Naserümpfen, das Bedürfnis, mittendrin zur Toilette zu gehen, oder kurzfristige Rapportverluste – können

FLUFF

aufgegriffen und als Kommentar zur geplanten Veränderung betrachtet werden.

Nur ein respektvolles Würdigen (auch wenn´s manchmal schwerfällt) und ein sorgfältiges Einbeziehen aller gegen die Veränderung einwanderhebenden Teile ermöglichen eine kongruente Physiologie.

KONGRUENZ

Fragt den einwanderhebenden Teil, ob er mit dem "X-enden" Teil zusammenarbeitet oder ob er prinzipiell gegen eine Veränderung ist. Diese Informationen werden integriert, um die Veränderung noch ökologischer zu machen.

Eventuell kann man Teile auch einmal um Geduld bitten und versichern, daß es keine Veränderung ohne ihr Einverständnis gibt und sie zum Schluß noch einmal Stellung nehmen dürfen, wenn sich der Einwand nicht im Laufe der Arbeit von selbst erledigt hat.

Das Six-step-Modell beinhaltet also einen **permanenten Ökologie-Check**, so daß ein aufmerksames, wahrnehmungsintensives Vorgehen die beste Voraussetzung für ein stimmiges, kongruentes Ergebnis ist ■

T I P

Gibt es Einwände, behandelt sie direkt an der Stelle, an der sie auftreten. Am Schluß (wenn ihr überhaupt soweit kommt) ist es manchmal ungleich schwerer, den "kritischen Punkt" wieder zu identifizieren.

Don`t
leave
your pieces
unattended!

Six-step-reframing-Modell

Gesagt ist gesagt!

 1. **Rapport-Check**

 2. **Identifikation des Symptomverhaltens:**

"Womit willst du aufhören (X)?"

Induzieren über V, A, K, O + Ankern

 3. **IDPZ: Integration dissoziierter psychophysio-**

logischer Zustände X/Y mit Sinn- und Nutzen-Fluff

X und das subjektive Gegenteil (non-X) werden integriert

(siehe Seite 69)

Dieser Punkt als möglicher "Vorwaschgang" ist nicht unbe-

dingt notwendig, aber manchmal löst sich das Problem

bereits an dieser Stelle.

 4. **Vorannahmen/Ideen säen:**

■ Es gibt so etwas wie eine bewußte und eine unbewußte

Ebene.

■ Die unbewußte Ebene ist umfassender und mächtiger als

die bewußte Ebene.

■ Ein Verhalten kann unangemessen und unangenehm sein,

obwohl die Absicht und der Zweck dahinter gut sind.

FACTS

5. Kommunikation mit dem X-enden Teil

Teil benennen lassen (Referenzwort)

Kommunikation aufbauen, Würdigung, bedanken (A inner-lich, in Trance): "Bist du Teil, der du für das X-en zuständig bist, bereit mit mir/uns im Bewußtsein zu kommunizieren? Wenn "Ja", bitte schicke mir ein Signal." - (Nonverbale Sig-nale abwarten) – "Danke, wenn das das Signal war, schicke es bitte noch einmal stärker."

6. Positive Absicht des X-ens feststellen, Tren-nung von Absicht und Verhalten

Ziel: kongruente Würdigung der positiven Absicht

(A innerlich): "Bist du bereit, mir die gute Absicht mitzutei-len, die dahinter steht, wenn du mich X-en läßt? (Evtl. zusätzlich zu dem, was ich schon beim IDPZ erfahren habe)" "Nein". Repräsentationssystem variieren! – Bedingungen?

Hier **drei** Schritte mehr. Dadurch noch besser!

7. Alternative Verhaltensweisen

Dies läuft über die Bewußtseinsebene oder durch Induktion eines kreativen Teils, um neue Verhaltensmöglichkeiten zu (er)finden. "Bist du bereit (evtl. mit anderen Teilen, z. B. einem kreativen Teil) so zusammenzuarbeiten, daß ➔➔

T I P

■ Bei Störungen in der Kommunikation: Zitatcheck ("Wie hast du innerlich mit dir/mit dem Teil gesprochen?")
■ B kann auch direkt, ohne über A zu gehen, zu den Teilen sprechen. Dies ist besonders nütz-lich, wenn A einen Teil noch nicht würdigen kann.

SIX-STEP-REFRAMING

neue Verhaltensweisen gefunden werden, die die gute Absicht voll wahren und für mich angenehm sind?"

"Ja." – "Verhandle viele Möglichkeiten und wähle drei aus."

"Nein." – "Welche Bedingungen gibt es?"

 8. *Future pace*

Frage von B an A: "Bist du bereit, die neuen Verhaltensweisen in der Zukunft auszuprobieren?" Zeitrahmen für das Ausprobieren vereinbaren.

"Nein." Eventuell gibt es Bedingungen. Neue Möglichkeiten aushandeln.

 9. **Ökologie-Check**

"Gibt es einen einwanderhebenden Teil, der etwas gegen diese Veränderung hat?"

"Nein." ENDE.

"Ja." Zurück zu Schritt 5 ■

Verhandlungsmodell
... zwei Seelen, ach, in meiner Brust ...

Die noch zu erledigende Steuererklärung kommt immer dann störend ins Bewußtsein, wenn man gerade den Liegestuhl in die Sonne gestellt hat. Gibt man dem inneren Drängen nach und sitzt brav am Schreibtisch, geht einem das wunderbare Wetter nicht aus dem Kopf, und der verträumte Blick aus dem Fenster beschleunigt nicht gerade die anstehende Arbeit.

Für im Widerstreit miteinander liegende Dinge gibt es Dutzende von Beispielen, die jeder kennt. Ziel des Verhandlungsmodells ist *das Aushandeln eines störungsfreien Rahmens*, in dem beides mit voller Konzentration und geistiger Präsenz geschehen darf. Die Anerkennung der Wichtigkeit der Teile, sowohl durch die Person (A) als auch durch die Teile untereinander, ist der Weg dorthin. Das gegenseitige unproduktive Blockieren wird aufgelöst und einem Nacheinander Platz gemacht. Bei Widerständen kann der Konflikt für A z. Zt. noch wichtig sein. (Ökologie/Kongruenz überprüfen!) ■

Alles darf sein,

aber alles

zu seiner **Zeit**.

T I P S

• Achtet auch als B darauf, beide Teile von A gleichermaßen zu würdigen. Enthaltet euch jeder Vorliebe für einen der Teile.

• Hat A Schwierigkeiten, die Teile in sich anzusprechen, kann man diese auch externalsieren, z.B. auf die Hände visualisieren oder auf Stühle im Raum setzen lassen.

Verhandlungsmodell:

Y Y Y Y Y Y Y Y Y Y Y Y Y Y Y Y **X X** Y Y Y Y Y Y Y Y Y **X** Y Y Y Y Y Y Y Y Y Y Y Y Y Y Y Y **X** Y Y Y Y Y Y Y Y Y

1. **Rapport-Check**

2. **Zwei miteinander in Konflikt stehende Teile identifizieren:** Modellvoraussetzung: "Immer wenn ich X tue, denke ich an Y. Und immer, wenn ich Y tue, denke ich an X."

3. **A fragt Teil 1:** "Welche positive Funktion hast du für mich? Wirst du gestört? Von Teil 2?"

4. **Frage an Teil 2:** "Stört dich Teil 1 auch?"

   "Ja" - weiter Nr.5

   "Nein" - Modellvoraussetzung nicht erfüllt. Hier greift das Six-step-Modell. Weiterarbeit mit dem einseitigen Störer (Seite 90).

5. **Frage an beide Teile:** "Ist das, was du für mich tust, so wichtig, daß du bereit wärest, den anderen nicht zu stören, sofern er dich auch nicht stört ?"

   "Gibt es Bedingungen, unter denen du bereit wärest, das zu tun?"

6. ***Future pace*/Öko-Check:** "Bist du bereit, das drei Wochen auszuprobieren?"

   "Nein" - Bedingungen?

Indikationen:
- Konzentrationsstörungen
- Schlafstörungen
- Genußstörungen (sexuelle Störungen)
- Arbeitsstörungen

Vier mögliche Wahrnehmungs-positionen im NLP
... 4 ganz legale Steuertips ...

Assoziiert bist du, wenn du ganz – über die Beteiligung möglichst vieler Sinneskanäle – in ein Erleben "eintauchst." So bist du ganz präsent, lebendig und selbstvergessen wie etwa ein spielendes Kind. Die assoziierte Position ist gegenwartsbezogen.

Es gibt **nur diesen einen** Augenblick.

Wenn du dich nicht ganz in ein Erleben hineinassoziierst und mindestens ein Teil von dir "außen vor" bleibt, kannst du dich selbst sehen und beschreiben, wie du gerade agierst, agiert hast oder agieren wirst. Du bist dein eigener Prozeßbeobachter. Du bist **dissoziiert** von dem, was sich ereignet. So bleibst du bei Interventionen/Gesprächen handlungsfähig und kannst den Ablauf sowie den Grad deiner Be - Teil - igung steuern.

Um z. B. in langweiligen Gesprächen nicht "abzudriften", das heißt nach innen zu gehen und dort einen eigenen, spannenden Film anzuknipsen, gibt es einen Trick: Du bleibst sehr gut im Kontakt, wenn du deine Gesprächspartner immer wieder genau anschaust und ihnen genau zuhörst.

Manchmal, wenn du ganz "außer dir" bist, kann das ➔➔

<FLUFF>

DIE VIER WAHRNEHMUNGS-POSITIONEN DES NLP

Wenn du dich z. B. mitfreust oder mitleidest, kann das sehr hilfreich sein. Es kann aber zugleich auch eine Wahrnehmungseinschränkung sein.

bedeuten, daß du gleichzeitig mit jemand anderem assoziiert sein kannst. Das heißt, du kannst dich ganz in eine andere Person hineinversetzen und dich identifizieren, wenn der Fokus deiner Aufmerksamkeit nach außen gerichtet ist.

Diesen Zustand der **"Du-Assoziation"** erreichst du durch Pacing des Verhaltens und der Fähigkeiten sowie durch Pacing der Glaubenssätze einer Person.

Der Nutzen dieses Vorgehens und des damit verbundenen Zustandes liegt darin, daß du schnell ein Verständnis für deinen Gesprächspartner bekommst.

Wenn du innerlich oder äußerlich einen "Meter" zurückgehst, betrittst du die **Meta-Ebene**. "Meta" ist griechisch und heißt hier soviel wie "Blick von oben" oder einfach "von einer anderen Ebene".

Die Meta-Ebene kennzeichnet den Punkt – im Rahmen einer Intervention oder eines Gesprächs, von dem aus du zwischendurch oder zum Abschluß den gesamten Prozeß beobachten oder kommentieren kannst (Kommentar-Position).

Der Unterschied zwischen dissoziierter und Meta-Position ist der folgende: In der dissoziierten Position bist du Prozeßbeteiligter, in der Meta-Position bist du es nicht. Das bedeutet auch, daß du in der Meta-Position gefühlsneutral sein kannst. Um die Gefühlsneutralität zu verstärken, aber auch um Übung zu bekommen, ist es ratsam, für die Meta-Position einen Punkt im Raum zu finden (zu ankern), also eine räumliche Trennung von dem zu beobachtenden Ereignis vorzunehmen. Wenn du Fortgeschrittener bist, kannst du diese Position sowie auch die Dissoziation "innendrin" vornehmen. Meta-Position und Dissoziation können sich auf Vergangenheits-, Gegenwarts- und Zukunftsbetrachtungen beziehen. Optimal ist es, wenn du – ganz im Sinne des NLP – alle möglichen Positionen zur Verfügung (geankert) hast und selbst entscheidest und ausprobierst, wann welche Position paßt. Entscheidend ist es, die manchmal fließenden Übergänge sauber trennen zu können und das auch über Anker zu festigen. Das Phobiemodell beinhaltet alle vier Grundpositionen: Die erste und zweite im Rahmen des Rapports, die (zweifache) Dissoziation →→

und die Metaposition, die du immer in festgefahrenen Situationen (für A und B) benutzen kannst. Eine schöne Übung hierzu kannst du mit dir selbst im Kino durchführen:

1. Position ■ Assoziiert bist du, wenn du z. B. während des Films merkst, daß du hungrig wirst.

2. Position ■ "Du-assoziiert" bist du, wenn du z. B. mit dem Helden zitterst, leidest, dich freust.

3. Position ■ Dissoziiert bist du, wenn du z. B. das Filmgeschehen kommentierst, dir visuellen Input außerhalb des Films holst.

Meta-Ebene ■ Die Metaposition hast du inne, wenn du zum Beispiel dir Gedanken zur Aufnahmetechnik machst und damit deine Zuschauerrolle – im engeren Sinne – verläßt. (Du bist dann eventuell mit dem Regisseur assoziiert.)

Phobiemodell
... love it, change it or leave it ...

Eine Phobie ist eine heftige, stark negative Reaktion als Antwort auf einen auslösenden Reiz (Anker). Angst, Panik, Übelkeit oder Fluchtbedürfnis können dabei in mehr oder weniger kontrollierbarer Stärke auftreten. Häufig gibt es eine konkrete Ausgangssituation, bewußt oder nicht mehr bewußt, in der diese Reiz-Reaktions-Kopplung nach dem Prinzip des klassischen Konditionierens entstanden ist.

Das Prinzip "Phobie" ist die optimale Nutzung unseres Gehirns. Eine einzige Erfahrung reicht schon aus, um eine komplexe Reaktion über Jahre hinweg immer wieder hervorzurufen (*one trail learning*). Welche wunderbare Strategie wäre das, um Fremdsprachen zu lernen? Einmal gehört und nie wieder vergessen.

Mit dem Phobiemodell wird die Situation, die am ehesten mit den heftigen Gefühlen in Zusammenhang gebracht werden kann, erneut durchlebt und mit Ressourcen versehen.

In jeder der Situationen werden die damals nicht zur Verfügung stehenden Wahrnehmungs- und Handlungsmöglichkeiten im Nachhinein ergänzt und das erschreckte jüngere Selbst wieder in Ordnung gebracht. →→

T I P

Gibt es mehrere Situationen, die für die Phobie wichtig sind, spricht nichts dagegen, das Modell *mehrmals* zu nutzen.

PHOBIEMODELL

Dieser Punkt ist besonders wichtig, da hier die Integration vorbereitet wird und nur ein jüngeres Selbst, das wirklich ganz in Ordnung ist, ökologisch "hineingenommen" werden kann.

Das nochmalige vollständige Erleben der negativen Gefühle ist nicht nötig. Eine wirklich gute Ressource und die stabil zu haltende Dissoziation beim Ansehen des Films sind zwei wichtige Hilfen, um die stark negative Reaktion abzufedern.

Anmerkung: Im NLP geht es innerhalb einer Veränderungsarbeit regelmäßig um den direkten und ökologischen Weg zur Zielphysiologie. Nur ausnahmsweise und dann so kurz wie möglich wird "in das Problem" hineingefragt, um Veränderungmaterial zu generieren und sich – zwecks Abweichungsanalyse – einmal auf die Problemphysiologie kalibrieren zu können ■

$$\boxed{\text{FACTS}}$$

Phobiemodell:

1. **Rapport-Check:** Finden neutraler Berührungspunkte für die Anker.

2. **Induktion einer sehr starken Ressource:** Z. B. Hand halten und verbalen Anker geben.

3. **Würdigung des phobieerzeugenden Teils:** Zuverlässigkeit, Reaktionsfähigkeit und Lebensschutz sowie die Zusicherung, daß die Phobie als Option erhalten bleibt.

4. **Induktion der phobischen Reaktion:** "Erinnere dich kurz an die Situation, die dir Angst macht." Kurz! Phobie ankern! Separator!

5. **Reise in die Geschichte der Phobie:** Ankündigung: "Du wirst gleich (!) nach innen gehen und Bilder sehen, die chronologisch Situationen der Phobiegeschichte zeigen. Das eigene Selbst wird dabei immer jünger." "Tu es jetzt!" Das Bild mit der stärksten Physiologie anhalten und ankern. Separator!

6. **Erste Dissoziation:** "Dort wird ein Film zu sehen sein, und du kannst *hier* sitzen und dich *dort* beobachten." →→

WHHOOOUUU!!!!!!

Aufpassen, daß A bei der Ankündigung im **"Hier und Jetzt"** bleibt!

PHOBIEMODELL

7. **Zweite Dissoziation:** "Du kannst hinter dich schweben und dich *hier* ganz entspannt sitzen sehen und vorne sehen, wie dein jüngeres Selbst *dort* in dem Film gleich noch einmal Szenen aus der Vergangenheit erlebt."

8. **Film ab:** Film laufen lassen, den Vorhang zurückziehen, Phobieanker starten (!), Ressourceanker griffbereit (!) und A verbal unterstützen: "Während du *hier hinten* ganz sicher bist, kann *dort* etwas ablaufen, von dem du *hier* weißt, daß es so das letzte Mal sein wird und schau' dir an, wie ein neues Verständnis entsteht, das neue Möglichkeiten erschließt ... (Fluff) ..."

9. **O.K. machen des jüngeren Selbst:** "Dein jüngeres Selbst hat da vorn etwas für dich erlebt, was nicht sehr angenehm war, gib ihm nun alles, was es braucht, um wieder *o.k.* zu sein" (V, A, K, O). Du bist der beste Tröster, die Person, die am besten weiß, was dein jüngeres Selbst braucht, um wieder *ganz* in Ordnung zu sein."

10. **Aufheben der Dissoziationen**

Nacheinander Dissoziationen zurückführen!

FACTS

PHOBIEMODELL

Hier sich wirklich
Zeit nehmen!

11. **Jüngeres Selbst aufnehmen:** In der angemessenen

Zeit, in der angemessenen Art und Weise laß dein jün-

geres Selbst wieder einen Teil von dir werden. Laß

dich überraschen, wie du bemerkst, daß ihr wieder

zusammen seid."

Ziel: Versöhnungsphysiologie!

12. *Future pace*/**Öko-Check:** "Was wirst du mit der nun

freigewordenen Energie tun?" (3 Wege).

"Bist du zufrieden?" ∎

Einpackstrategien

... oder was tue ich, wenn ich Arbeiten unterbrechen muß bzw. in der vorgegebenen Zeit nicht fertig werde ...

1. **Separator**

2. **Alle desintegrierten Teile innerlich oder äußerlich repräsentieren lassen (V, A, K, O):**

   "Das sind die bisherigen Anteile des Problems und der Lösung. Mach' sie dir noch einmal innerlich klar (V,A,K,O) . Ich möchte, daß du sie mitnimmst, pack' sie in eine Schachtel, einen Karton, ein Gefäß, was immer du magst ... so wie du gerne Geschenke erhälst, um dich damit gut zu fühlen. Oder mach' ein Foto oder einen Film davon ... und mache dir klar, wie du weißt, daß du all dies überall mit hinnehmen kannst, um es verfügbar zu haben, wann und wo immer du es gerade brauchst ... und wer weiß, wo und wann du es brauchen kannst? Und sei es im Traum, um ein neues Verständnis zu bekommen, wie auch immer ... , bis es Zeit ist, wieder weiter daran zu arbeiten. "

Strategie

a) Alle desintegrierten Teile repräsentieren lassen

(V,A,K,O).

b) Auf persönliche Weise einpacken und mitnehmen.

c) Erlaubnis geben weiterzuarbeiten, eventuell im Traum,

zu Hause, in der nächsten Stunde.

zu c)

Zur kurzfristigen (!) Entlastung:

Manchmal kann es sehr entlastend sein, etwas einzupacken,

um es weglegen zu können und erst einmal eine Weile nicht

daran zu arbeiten. So ist es vielleicht später leichter hand-

habbar und nicht mehr so belastend, weil das Unbewußte in

der Zwischenzeit weitersortiert hat ■

Vokabelliste (V, A, K, O, G)
... sprechen Sie auch „VAKOG' isch"? ...

Visuelle Wörter

schwarz sehen,
grünes Licht haben,
rotes Licht haben,
alles grau in grau sehen,
rosa Wolken,
blauen Dunst vormachen,

betrübt sein,
scheinheilig sein,

schlechte Aussichten haben,
keinen Überblick haben,
bessere Tage gesehen haben,

mir geht ein Licht auf,
klar sehen,
jemanden die Augen öffnen,
zur Einsicht bringen,
Einblick gewähren,
etwas klarmachen,
etwas einsehen,
ein X für ein U vormachen,
Blickpunkt,

über etwas hinwegsehen,
etwas übersehen,
das Nachsehen haben,
jemanden blenden,
jemand hinters Licht führen,

in Augenschein nehmen,
zu Gesicht bekommen,
bei näherer Betrachtung,
kurzsichtig sein/handeln,
undurchsichtig,
etwas vorhersehen,
Unvorhergesehenes,

Auditive Wörter

Gehör schenken,
nur mit halbem Ohr hinhören,
zuhören,
überhören,
sein Ohr leihen,
ein offenes Ohr haben,
alles an sich vorbeirauschen
lassen,

das Wort ergreifen (kin.),
das Schweigen brechen
(kin.),
etwas zur Sprache bringen,
Wortwechsel,
Krach haben,
Mißklänge,
Mißverständnisse,

Unstimmigkeiten,
nicht zu Wort kommen,
die Sprache verlieren,
kleinlaut werden,
wortkarg sein,
tonangebend sein,
etwas verschweigen,
sich herausreden,

wortbrüchig werden (kin.)
Ausreden gebrauchen,
großsprecherisch sein,
jemandem etwas absprechen,
in Abrede stellen,
bestimmen wollen,

anrufen,
sich verabreden,
Einstimmigkeit,

Aussprache,

Zugeständnisse machen,
Ansprüche haben/stellen,
Absprachen treffen,

einverstanden sein,
gutheißen,
zustimmen,
Übereinstimmung,

sich etwas versprechen,
Jawort geben/etwas verneinen,
mißgestimmt sein,
verstimmt sein,

ohne Widerspruch,
widersprechen,
Einspruch erheben,
stillschweigend geschehen
lassen,
davon kann keine Rede sein,
das kommt nicht in Frage,
sich der Stimme enthalten,

jemandem eine Predigt halten,
jemanden abkanzeln,
sich lossagen von etwas,

ein gutes Wort für jemanden
einlegen,
jemandem Mut zusprechen,
jemandem gut zureden,
Lobrede halten,

jammervoll,
taktvoll sein,
Ansprechpartner,
Verständnis haben,

ansprechbar sein,

Totenstille,
Gemütsruhe,
das klingt gut,
das ist Musik in meinen
Ohren,
Hochstimmung,
was läuten hören,
es dröhnt in meinem Kopf,

der Himmel hängt voller
Geigen,

den Groschen fallen hören,
von Tuten und Blasen keine
Ahnung,
die Sache spricht mich an,
sagt mir zu,
mit Pauken und Trompeten,
Musik liegt in der Luft,
sang- und klanglos ver-
schwinden,
ich glaub, ich hör nicht
richtig,

Kinästhetische Wörter

aus der Rolle fallen,
sich in die Nesseln setzen,
mit der Tür ins Haus fallen,
jemandem auf's Dach steigen,
auf Händen getragen werden,
nach jemandes Pfeife
tanzen,

anhänglich sein,
springlebendig sein,
sich treffen,
Fühlung aufnehmen,
zusammenhalten,
durch dick und dünn gehen,
am gleichen Strang ziehen,

Standpunkt,

schwankend sein,
standfest,
standhaft,

aus dem Gleichgewicht sein,
etwas einfach laufen lassen,
nachgiebig sein,

sich zusammenreißen,
weich wie Wachs,
hart wie Granit,
abwürgen,
sich zurückhalten,
sich zurücknehmen,

hochgehen,
kochen, rasen,
aus der Haut fahren,
in die Luft gehen,
die Fäuste ballen,
die Stirn kraus ziehen!

toben,
aufbrausen,
es geht heiß her,
cool bleiben,

Spannungen,
Zerwürfnisse,
gebunden sein,
stürmische Beziehung,
sich überwerfen,

nicht auf Rosen gebettet sein,
geknickt sein,
bedrückt sein,
Beklemmungen,

sticheln,
jemanden an der richtigen
Stelle treffen,
seinem Herzen einen Stoß
geben,
jemandem beistehen,

wie ein Schlag ins Gesicht,
Rückschläge,
angeschlagen sein,
Schlagabtausch,

läuft mir kalt über den
Rücken,
zu Kreuze kriechen
runterschlucken,

Ofaktorische u. gustatorische Wörter

dufte,
mir stinkts,
das schmeckt mir nicht,
ich hab die Schnauze voll,
das riecht nach,

durchkauen,
nach meinem Geschmack,
die Nase voll haben,
sauer sein,
verbittert,
süßes Leben,

Spürnase,
Schnüffler,
einen Riecher haben,

ein gefundenes Fressen,
ein Leckerbissen,
das zergeht einem auf der
Zunge,
da ist was faul,
meine Süße,

etwas schlucken müssen,
zum Kotzen finden,
etwas unter die Nase
gerieben bekommem,
in eine Sache reinriechen,

METAMODELL DER SPRACHE

Metamodell der Sprache
Auflösung zur Übung "Metamodell" von Seite 35.

Die "richtigen" Fragen meint hier: Mögliche Fragen im Sinne des Metamodells. Selbstverständlich sind auch andere Fragen erlaubt und sicher auch sinnvoll.

01 Womit hast du ein Problem?

02   Sagen wozu?

03 Weiß wirklich jeder, daß man nicht gewinnen kann?

Gewinnen worin?

04 Wer sagt das?

Weglaufen wohin?

Wer läuft weg?

05 Worin?

Besser als ... ?

06 Für wen?

Wer ist jemand?

Vertrauen worin?

07 Wer sagt das?

Welche anderen?

Rücksicht in bezug auf ... ?

08 Wirklich alle?

Wie genau weißt du, daß sie gemein sind?

09 Fragerei in bezug auf was?

10 Wer hat das entschieden?

Schwer in bezug auf was?

11 Wie genau machen Sie das, daß Ihr Sohn bewirkt,

daß Sie sich Sorgen machen?

Welche Überzeugungen genau?

12 Bedeutet das, daß, wenn deine Schwester nicht krank

wäre, du mitfahren würdest?

13 Wirklich nie?

Woraus schließt du, daß er das nicht tut?

"Denken an", – in bezug worauf?

14 Woran erkennst du das?

Was tut sie, damit du zu dem Schluß kommst: "Sie ist

arrogant?"

15 Gut für wen?

Welche Art von Problemen?

Wer sagt das?

Prozeßinstruktionen

... was sag' ich denn nur? ...

Bei jeder Intervention, bei der das "Innen" für A wichtiger ist als das "Außen" (sprich "Augen-zu-Zustand", Trance, Nachdenken) ist unterstützende Prozeßsprache sinnvoll.

Die Kärtchen (am Ende des Buches) werden ausgeschnitten und sind als sprachliche Hilfestellungen für B gedacht.

Man kann damit üben, flexibel und flüssig eine "innere" Arbeit von A mit Fluff/Prozeßsprache zu begleiten. So werdet ihr bei häufigen "Kärtchen-Trancen" nach und nach immer sicherer, um mehr und mehr eure eigenen Formulierungen einzubringen.

Vorgehensweise: Legt die Kärtchen verdeckt herum auf einen Stapel. Es wird nun nacheinander immer wieder ein neues Kärtchen gezogen und der Kartentext leise als Aussage an A gerichtet, die Lücken im Text sind - für A entsprechend passend - von B spontan zu ergänzen.

Zum Üben ist es nicht notwendig, daß B und A eine NLP-Arbeit miteinander machen, es geht auch, wenn A einfach die Augen schließt, an ein bestimmtes Thema denkt und sich von Bs Prozeßbegleitung überraschen läßt.

Oft bekommt A dadurch neue Einsichten und Ideen.

Variante: B kann sich auch von C immer wieder während des Prozesses eine ausgesuchte Karte reichen lassen und diesen Satz an A richten.

Und tschüs!

... den Rahmen schließen ...

Der Basiskurs ist beendet. Du hast eine Menge Neues gesehen, gehört, einiges hast du schon begriffen, für anderes hast du im Laufe der Zeit einen Riecher bekommen; so daß du jetzt sagen kannst: "So langsam, aber sicher komme ich auf den Geschmack."

Und wenn du dich jetzt entscheidest, wie es weitergeht, erinnere dich daran, daß es meist mehr Möglichkeiten gibt, als du vermutest.

Während du zunächst weiterhin in deiner Kleingruppe übst oder ein betreutes Training besuchst, bekommst du vielleicht Lust, den Umgang mit diesem Basishandwerkszeug des NLP weiterzuentwickeln und die bisherige Investition noch auf weiteren Anwendungsfeldern für dich zu nutzen und mit der Practitioner- und Masterausbildung dein NLP zu komplettieren.

Wir freuen uns, dich zu sehen.

Zahme Vögel
singen
von Freiheit,
wilde Vögel
fliegen.

Informationen zur Aus- und Weiterbildung in NLP

European Academy & Research for NLP & More GmbH
Schloß Elbroich
Am Falder 4, D-40589 Düsseldorf
Tel. 02 11/7 57 07 57, Fax: 02 11/75 32 15

Deutsche Akademie für angewandtes NLP
Postfach 47 07 19, D-12316 Berlin
Tel. & Fax: 0 30 - 6 01 57 74

FORUM für Metakommunikation
Zwinglistraße 5a, D-10555 Berlin
Tel.: 0 30 - 3 92 56 98, Fax: 0 30 - 3 91 58 00

Milton Erickson Institut, Wolfgang Lenk
Wartburgstraße 17, D-10825 Berlin
Tel. & Fax: 0 30 - 7 81 77 95

Thies Stahl Seminare
Training – Beratung – Supervision für professionelle Kommunikatoren
Eulenstr. 70, D-22763 Hamburg
Tel.: 0 40 - 3 90 55 88, Fax: 0 40 - 3 90 95 73

THINK Gesellschaft für Neue Kommunikationsstrategien mbH
Seminarhaus LÖWEN, D-79669 Zell-Gresgen
Tel.: 0 76 25 - 76 36, Fax: 0 76 25 - 2 17

Österreich:
Institut für strukturelle Wahrnehmung, Richard Hauser
Th.-Körner-Str. 40, A-8010 Graz
Tel.: 03 16 - 67 12 12, Fax: 03 16 - 67 12 42

Schweiz:
NLP Aus- und Weiterbildung, Werner Herren
Kurszentrum Aarau, Familienberatungsstelle
Laurenzenvorstadt 85/87, CH-5000 Aarau
Tel.: 0 64 - 23 10 10

NLP-Literatur (auch ausländische):
NLP Buch- und Medienversand, Jörg Erdmann
Hirtenweg 17 A, D-33102 Paderborn
Tel.: 0 52 51 - 3 59 69, Fax: 0 52 51 - 3 56 54

Joseph O'Connor/John Seymour:

Neurolinguistisches Programmieren: Gelungene Kommunikation und persönliche Entfaltung

Diese erste umfassende Gesamtdarstellung in deutscher Sprache beschreibt anschaulich die wesentlichen Grundlagen, Methoden und Instrumente des NLP, zum Beispiel:

- Wie Sie Ziele formulieren und erreichen
- Wie Sie Ihr Denken und Lernen optimieren
- Wie Sie Zugang zur Welt der anderen erhalten
- Wie Sie Körpersprache verstehen und benutzen
- Wie Sie sich neue Fähigkeiten, Verhaltensweisen und Gefühle aneignen
- Wie Sie Ihre Erfahrungen in den passenden Rahmen stellen
- Wie Sie innere Konflikte lösen

Mit seinem systematischen Aufbau, seiner klaren und humorvollen Sprache sowie zahlreichen Beispielen dient das Buch sowohl als Standardlektüre für NLP-Interessierte als auch als Nachschlagewerk für fortgeschrittene NLP-Anwender. Für den beruflichen Umgang mit Menschen, für private Beziehungen und für die Weiterentwicklung des eigenen Potentials bringt es Neue Lebendige Perspektiven.

4., erweiterte Auflage, 374 Seiten, 20 Illustrationen, Paperback, 42,– DM/42,– sFr./328,– öS, ISBN 3-924077-66-5

Joyce Wycoff:

Gedanken-Striche.
Auf neue Ideen kommen, Probleme lösen – mit Mindmapping

Stellen Sie sich vor, Sie sollten eine unerforschte Wildnis bereisen. Ein lockendes Abenteuer? Aber wie lange werden Sie brauchen, um Orientierung, um gangbare Wege zu finden? Stellen Sie sich vor, dieses unerschlossene, grenzenlose Neuland sei Ihr Geist. Sie wollen doch nicht Ihr Leben damit verbringen, sich mühsam Wege zu suchen oder immer wieder die gleichen ausgetretenen Trampelpfade zu gehen, ohne über einen schmalen Streifen gleich hinter der Grenze hinauszugelangen? Wenn es noch keine Landkarte gibt – zeichnen Sie sie selbst: mit Mindmapping, der Methode zum schnellen, spontanen Skizzieren von Assoziationen, Gedanken und Ideen in Strichzeichnungen. Mindmapping erschließt Ihr *ganzes* Gehirn und bahnt Ihnen den Weg ...

- zu kreativem Lösen beruflicher und persönlicher Probleme,
- zu mehr Klarheit in Entscheidungsprozessen,
- zu einem Ideenfeuerwerk, das alte Denkgewohnheiten sprengt,
- zur Verbesserung von Gedächtnis und Konzentration,
- zu größerem Organisationsgeschick.

Wenn Ihr beruflicher und privater Alltag Ihnen immer wieder neue, zunächst schwierig erscheinende Aufgaben stellt – Mindmapping bringt Sie mit wenigen Strichen auf bessere Gedanken und läßt Sie effektiv handeln.

183 Seiten (15 × 22 cm), 23 Abbildungen, Paperback, 29,80 DM/29,80 sFr./268,– öS, ISBN 3-924077-48-7

Dr. Paul E. Dennison/Gail Dennison:

Brain-Gym®

In Fortsetzung zu *EK für Kinder* bringt dieses Buch weitere Übungen für ein ganzheitliches, das ganze Gehirn einbeziehendes Lernen. Während *EK für Kinder* die Vorgehensweise für eine grundlegende Neuanbahnung des Lernens vermittelt, zeigt *Brain-Gym* zahlreiche Bewegungsübungen für spezielle Lernprobleme und Anwendungsgebiete wie: Rechnen und Schreiben, kreatives Denken, Selbstbestimmung.

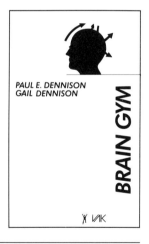

Die anschaulich illustrierten Körperübungen sind so angelegt, daß man die Auswirkungen im täglichen Leben erfahren kann. Schüler, die *Brain-Gym* kennenlernen, entwickeln Freude und Interesse daran, zeigen es ihren Freunden und beziehen es in ihr Leben ein, ohne Anweisung oder Überwachung. Die Übungen erleichtern jede Art von Lernen, insbesondere das schulische und akademische.

4. Auflage, 65 Seiten, 52 Illustrationen, Spiralheftung, 18,80 DM/18,80 sFr./147,– öS, ISBN 3-924077-27-4

Übungskassetten für Jugendliche und Erwachsene:

Brain-Gym I (Themen: Positive Einstellung, Sehen, Hören, Schreiben, Lesen, Körperbewegung), ISBN 3-924077-39-8
Brain-Gym II (Themen: Kommunikation, Organisation, Verständnis, Rechnen, kreatives Denken, Selbstbewußtsein), ISBN 3-924077-40-1
Preis: je 28,– DM/28,– sFr./252,– öS

Dr. John Diamond:

Lebensenergie in der Musik, Band 1

„Der eigentliche Sinn der Musik liegt in ihrer therapeutischen Wirkung und in der Stärkung der Lebensenergie der Zuhörer. Diese einfache, aber große Wahrheit scheint in der heutigen Zeit vergessen, die technischem Können und abstrakter Musikwissenschaft so viel Bedeutung beimißt. Die Funktion der Musik bestand von allem Anfang an in der geistigen Erbauung des Hörers, in der Stärkung seiner Lebensenergie."
John Diamond

9. Auflage (1.-8. Aufl. im Verlag Bruno Martin), 130 Seiten, Paperback, 24,– DM/24,– sFr./187,– öS, ISBN 3-924077-62-2

Andrew Matthews:

So geht's dir gut

Dieses Buch handelt davon, ...
- warum Sie immer nur Ihre *besten* Kleider mit *Spaghetti bolognaise* bekleckern;
- warum Ampeln gerade dann eine Ewigkeit auf Rot stehen, wenn Sie – bereits verspätet – zu einer Verabredung unterwegs sind;
- warum immer alle Rechnungen auf einmal kommen;
- warum Sie zufällig Ihren Nachbarn treffen, wenn Sie gerade in Madrid Urlaub machen;
- warum Sie Ihre alte Schrottkiste jahrelang ohne Schramme fahren können und dann Ihren neuen Wagen nach zwei Tagen demolieren;
- warum manche Leute immer zur rechten Zeit am richtigen Ort zu sein scheinen – und wie Sie dazugehören können.

Es handelt auch davon, wie Sie (mit Hilfe der Techniken und Strategien des NLP) sich selbst verstehen, über sich selbst lachen, sich selbst vergeben und erfolgreicher, wohlhabender und glücklicher werden können.

3. Auflage, 137 Seiten (18 × 24,5 cm), 70 Illustrationen des Autors,
Paperback, 26,– DM/26,– sFr./203,– öS,
ISBN 3-924077-32-0

Andrew Matthews:

So machst du dir Freunde

Anknüpfend an sein international erfolgreiches Buch „So geht's dir gut" nimmt Andrew Matthews nun unsere Beziehungen zu „den anderen" aufs Korn: zu denen, die wir lieben oder gerne kennenlernen würden; zu denen, die uns helfen, und denen, die von uns abhängig sind; zu denen, die wir gerne sehen, und zu solchen, denen wir lieber aus dem Weg gehen. Hier können Sie lernen, ...

- manchmal nein zu sagen;
- Kritik anzunehmen und Kritik zu üben;
- mit „Störern" und mit Propheten des Weltuntergangs umzugehen, ohne selbst die Freude zu verlieren;
- gegenüber Tratsch, Kleinlichkeit und Ärger die Oberhand zu behalten.

Der Autor macht deutlich, daß man zuerst selbst ein Freund sein muß, wenn man Freunde gewinnen will.

146 Seiten, 65 Illustrationen des Autors,
Paperback, 26,– DM/26,– sFr./203,– öS
ISBN 3-924077-35-5

Dr. Bernard F. Cleveland:

Das Lernen lehren. Erfolgreiche NLP-Unterrichtstechniken

Ausgehend von den Forschungsergebnissen der Lernpsychologie zeigt Bernard F. Cleveland, welchen bedeutenden Beitrag das Neurolinguistische Programmieren leisten kann, um die Anforderungen optimaler Lernprozesse zu erfüllen. Hier können Lehrer lernen:

- das nonverbale Feedback der Schüler zu beobachten und so zu interpretieren, daß sie ihre Unterrichtsziele erreichen;
- wirksamen Rapport zu schaffen;
- den Schülern zu helfen, alternative Reaktionen für schwierige Situationen zu entwickeln;
- Lernstrategien zu ermitteln und zu installieren;
- den Lehr- und Lernprozeß für sich selbst und die Schüler produktiver und erfreulicher zu machen.

Besondere Aufmerksamkeit widmet der Autor dem systematischen Wahrnehmungstraining. Zahlreiche praktische Übungen helfen die neuen Erkenntnisse sogleich im Alltag (– nicht nur in der Schule!) umzusetzen.

230 Seiten (21 × 29,2 cm), 20 Abbildungen,
Paperback, 49,80 DM/49,80 sFr./389,– öS,
ISBN 3-924077-33-9

Das INSTITUT FÜR ANGEWANDTE KINESIOLOGIE FREIBURG veranstaltet laufend Kurse in *Edu-Kinestetik, Touch For Health (Gesund durch Berühren), Natürlich besser sehen* und in den verschiedenen Bereichen der Angewandten Kinesiologie. Durch engen Kontakt mit den Pionieren der Methode in den USA ist das Institut in der Lage, ständig die neuesten Entwicklungen auf dem Gebiet der Angewandten Kinesiologie zu präsentieren.

Außerdem fördert das Institut die Verbreitung der Angewandten Kinesiologie im deutschsprachigen Raum durch Literaturempfehlungen und Adressenvermittlung. Wer an der Arbeit des Instituts interessiert ist, kann kostenlose Unterlagen anfordern bei:

INSTITUT FÜR ANGEWANDTE KINESIOLOGIE FREIBURG
Zasiusstraße 67
D-79102 Freiburg
Telefon 07 61-7 27 29
Telefax 07 61-70 63 84